Norma Schiavo

La Chiesa di Ariano nel Medioevo e i suoi santi patroni

Ai miei Genitori, Gerardo e Caterina, per avermi insegnato il valore della cultura;
a mio Fratello Mimmo, per la sua preziosa presenza;
a mio Marito Alfredo, per il suo costante supporto.

INDICE

INTRODUZIONE pag. 7

CAPITOLO I

LE DIOCESI IN CAMPANIA NEI SECC. XI-XII

1.1 La nascita della diocesi ecclesiastica pag. 11
1.2 Contesto storico politico-religioso in Campania prima dei Normanni pag. 13
1.3 Le diocesi in Campania nell'XI e XII secolo pag. 21
1.4 Istituzione di nuovi centri ecclesiastici pag. 27
1.5 Innovata capacità economica delle chiese episcopali pag. 23
1.6 Le devozioni accompagnate da documentazione agiografica pag. 29
- Le devozioni per i propri vescovi pag. 29
- Le agiografie come sistema di comunicazione di messaggi edificanti e di documentazione storica. Le influenze normanne sull'agiografia pag. 33

CAPITOLO II

LA DIOCESI DI ARIANO NEL MEDIOEVO

2.1 Periodo precedente all'istituzione della diocesi di Ariano pag. 37
2.2 I presupposti urbanistici per l'istituzione della sede vescovile: la *civitas*, il *castrum*, la cattedrale pag. 42
2.3 Istituzione della diocesi di Ariano pag. 46
2.4 I Vescovi pag. 48
2.5 La diocesi di Ariano e l'influenza di Ruggero II il Normanno pag. 58
2.6 Le strutture ecclesiastiche pag. 58
- Le strutture dei secc. XI-XIII pag. 58
- La cattedrale pag. 61
- Le Chiese Collegiate: S. Michele Arcangelo, S. Pietro alla Guardia, S. Giovanni della Valle pag. 63

CAPITOLO III

Sant'Ottone Frangipane, eremita, patrono di Ariano e della diocesi

3.1 Le fonti agiografiche	pag. 67
3.2 La Vita di S. Ottone	pag. 72
• Dalle origini alla milizia	pag. 72
• Prigionia e liberazione	pag. 73
• Pellegrinaggi ed occupazioni	pag. 73
• Arrivo ad Ariano ed esercizio delle virtù	pag. 74
• Romitaggio	pag. 74
• Miracoli di S. Ottone quando era in vita	pag. 75
• Morte di S. Ottone e miracoli *post mortem*	pag. 76
3.3 Traslazione del corpo di S. Ottone	pag. 78
3.4 Le reliquie	pag. 80
3.5 Il culto di S. Ottone	pag. 85
3.6 Le tre profezie di S. Ottone	pag. 87
3.7 Conclusioni su S. Ottone	pag. 90

CAPITOLO IV

Sant'Elzeario de Sabran e Beata Delfina de Puimichel, i conti di Ariano compatroni della città

Nota introduttiva al capitolo	pag. 93
4.1 La santità nel Medioevo	pag. 93
4.2 Le fonti	pag. 96
4.3 La vita di S. Elzeario de Sabran *(Saint'Elzéar)*	pag. 98
4.4 Sant'Elzeario nella vita pubblica	pag. 107
4.5 Il culto di Sant'Elzeario	pag. 109
4.6 Le reliquie di Sant'Elzeario	pag. 112
4.7 La canonizzazione	pag. 113
4.8 Il testamento di Elzeario	pag. 115

4.9   Il Voto di Elzeario e l'amore spirituale . . . . pag. 117
4.10 La vita coniugale di Elzeario e Delfina . . . . pag. 119
4.11 La vita della Beata Delphine de Signe . . . . pag. 121
4.12 Il culto della Beata Delfina di Puimichel . . . . pag. 124
4.13 Il Voto di Quisisana . . . . pag. 124
4.14 Alcuni miracoli della Beata Delfina . . . . pag. 126
4.15 Considerazioni finali sui conti di Ariano, Sant'Elzeario e
       la Beata Delfina . . . . pag. 127

CAPITOLO V

San Liberatore, vescovo e martire

5.1 San Liberatore, vescovo e martire . . . . pag. 129
5.2 Le fonti . . . . pag. 130
5.3 Le reliquie . . . . pag. 132
5.4 Il culto . . . . pag. 134

CONCLUSIONI . . . . pag. 135

BIBLIOGRAFIA e SITOGRAFIA . . . . pag. 137

INTRODUZIONE

L'indagine del presente lavoro prende avvio dallo studio delle diocesi della Campania relative ai secoli XI e XII, alle prerogative per quelle di nuova istituzione, al ruolo del vescovo ed al fenomeno delle devozioni e delle agiografie, che illustrano ad ampio raggio la situazione dell'epoca, quale premessa per meglio comprendere lo sviluppo della Chiesa di Ariano in questo periodo.

La ricerca, così strutturata, partendo dall'analisi delle sedi metropolitane, che daranno un quadro generale della situazione politico-religiosa dell'XI e XII secolo in Campania, condurrà ad un'analisi più approfondita sui temi accennati di Ariano, legata al nuovo assetto politico-amministrativo dei Normanni consolidatosi poi con l'avvento di Ruggero II, al suo ruolo di diocesi suffraganea di Benevento ed alla costruzione o ricostruzione di edifici sacri.

In particolare saranno oggetto di studio le agiografie dei suoi santi patroni ed il significato della presenza delle loro reliquie, contestuali al periodo in osservazione.

Le devozioni per i santi, nel passato, erano espressione della propria identità, così come lo è stato per Ariano, i cui santi patroni riflettono le varie tipologie dei fenomeni di santità.

L'**eremita**: sant'Ottone Frangipane, che insieme a quella di Bernerio di Eboli, rappresenta una delle rare esperienze eremitiche indipendenti documentate in Campania dell'XI e XII secolo. Ha trascorso gli ultimi anni della sua vita ad Ariano, assistendo e curando i pellegrini per poi trasferirsi fuori dalle mura della città, vivendo da eremita in una cella vicino alla chiesa di San Pietro *de Reclusis*.

Il **vescovo** e **martire**: san Liberatore; una tradizione costante fa ritenere che sia stato il primo vescovo di Ariano, martirizzato durante la persecuzione di Diocleziano nell'anno 305.

Il **laico**: con i conti sposi di Ariano sant'Elzeario de Sabran e la beata Delfina de Signe. Entrambi conservano gli stessi sentimenti di amore coniugale, superando il tabù della verginità e il fatto che la vita attiva, tradizionalmente considerata inferiore a quella contemplativa, venisse riabilitata da questi *laici religiosi* nell'amore spirituale.

Pannello bronzeo con effigie dei Santi patroni posto all'ingresso del sagrato della Cattedrale
Sanctis patronis nostris Othoni Liberatori Elzeario Delphinae
Andreas Ep. D'Agostino MCMXI. Fonte propria

CAPITOLO I

Le diocesi in Campania nei secc. XI-XII

1.1 Le diocesi e la struttura organizzativa

La Storia delle Diocesi, e della Chiesa più in generale, non segue un percorso evolutivo unitario, ma estremamente eterogeneo e condizionato dalla posizione geografica (settentrione o meridione dell'Italia), dal contesto regionale in cui si sviluppa, dalla configurazione specifica del territorio, dalla cultura e dalle tradizioni, dalle popolazioni ivi stanziate ed ancor più dal periodo storico in cui viene a contestualizzarsi.

Parlando di diocesi ci si riferisce al governo e più in generale all'amministrazione pubblica di distretti amministrativi, trattando, invece, di diocesi ecclesiastica si vuole intendere una circoscrizione territoriale su cui si estende la giurisdizione spirituale e il governo ecclesiastico di un vescovo.

I caratteri dell'istituto diocesano si possono evincere pienamente dai dettami del diritto canonico[1] secondo il quale: «La diocesi è la porzione del popolo di Dio che viene affidata alla cura pastorale del Vescovo con la cooperazione del presbiterio, in modo che, aderendo al suo pastore e da lui riunita nello Spirito Santo mediante il Vangelo e l'Eucaristia, costituisca una Chiesa particolare in cui è veramente presente e operante la Chiesa di Cristo una, santa, cattolica e apostolica» (Can. 369).

---

[1] **Codice di diritto canonico** (*codex iuris canonici*), è il codice normativo della Chiesa cattolica di rito latino, promulgato da Giovanni Paolo II il 25 gennaio 1983. Consta di 1752 canoni ed è diviso in sette "libri", ognuno dei quali è suddiviso in varie Parti, a loro volta suddivise poi in Titoli, poi in Capitoli e quindi le norme codificate nei canoni.

La struttura della Chiesa è fortemente centralizzata e la dimensione territoriale nella quale acquista spessore in età medievale è senza dubbio quella urbana. In via generale ogni città di consistente importanza strategica, politica o amministrativa diviene centro delle funzioni episcopali con alla guida un vescovo, pastore di tutta la comunità cristiana, figura che si distingue per la pluralità di funzioni.

Egli, pur non essendo integrato nelle cariche municipali, è comunque il primo personaggio della città, *sacerdos*, *defensor*, tutore e *patronus civitatis*, della quale dirige la chiesa.

I vescovi, grazie alle loro ambascerie, hanno contribuito, tra l'altro, a configurare una nuova società, innovativa su più livelli. A tal proposito va tenuto presente il processo di trasformazione della Chiesa in un organismo istituzionale che assume talvolta funzioni pubbliche in sostituzione del governo locale, nelle aree dove è divenuto sempre più debole. A partire da questo periodo si può parlare di vera integrazione fra comunità cristiana e *civitas*, in cui il vescovo è soprattutto autorità religiosa e politica in assenza di quella imperiale.

Parimenti l'evangelizzazione delle campagne pone il problema della struttura organizzativa da assumere per il controllo del vasto territorio rurale in via di popolamento, in quanto l'amministrazione dei sacramenti, ed *in primis* il fonte battesimale, resta per lungo tempo affidata alla competenza esclusiva del vescovo urbano, costringendo i fedeli a lunghe peregrinazioni.

Pertanto fin dai primi secoli del cristianesimo il *presbyterium*, e dal Medioevo il Capitolo cattedrale, incominciò a disperdersi anche nelle campagne per meglio attendere alla cura pastorale. Il Capitolo ne faceva le veci per gli affari ordinari o urgenti e se la sede era vacante ne eleggeva il successore, chiamando talora il popolo e le autorità cittadine a partecipare alla sua elezione².

L'organizzazione ecclesiastica odierna riflette a grandi linee quella medievale, tra gli **organi diocesani** che coadiuvano il vescovo troviamo, quindi, il capitolo cattedrale, ovvero il collegio dei sacerdoti addetti al culto nella cattedrale, la curia diocesana, ossia l'insieme delle commissioni diocesane e degli uffici che collaborano con il vescovo nella pastorale e nella guida di tutta la diocesi, il consiglio pastorale diocesano, un organo consultivo insieme al quale il vescovo traccia le linee fondamentali della pastorale diocesana.

1.2 Contesto storico politico-religioso in Campania prima dei Normanni

La trasformazione politica ed amministrativa ad opera dei Normanni ha avuto come conseguenza la nascita di nuove diocesi o il recupero di quelle più antiche, finendo per incidere sul territorio attraverso l'azione dei vescovi e stimolando fenomeni devozionali che, come vedremo, rivestono un ruolo importante nella realizzazione di una identità civile e religiosa. Da qui ne consegue che la presenza di santi nel territorio ha avuto il potere di intervenire sulla natura dei luoghi, mentre le testimonianze agiografiche possono assurgere a

---

² Suor M. A. Giovino, *La vita religiosa della città e diocesi di Ariano nella prima metà del '700*, Lucarelli, Ariano, 2007: «Dalla metà del sec. IV, i chierici di una chiesa costituivano un'unica comunità, il *presbyterium*, e vivevano nella casa del vescovo. Quando la comunità fu dislocata con la fondazione dei centri di culto nei villaggi e nei fondi rurali, nonché con la costruzione nella città episcopale di altre chiese, intorno al vescovo non restò che un gruppo di collaboratori e domestici. Questo gruppo costituisce l'origine del Collegio dei Canonici. I vescovi, infatti, sotto l'influsso del monachesimo, stesero un regolamento (canone) ad uso della loro chiesa. Con lo sviluppo della vita canonica si disse *Capitulum* l'adunanza quotidiana dei canonici, perché obbligatoriamente dedicata alla lettura di un capitolo della loro regola; quindi il nome designò il Collegio stesso. Si distinsero Capitoli cattedrali o diocesani e Capitoli collegiati a seconda che si trattasse di clero di chiese cattedrali o di chiese di centri minori».

documentazione storica della società dell'epoca in considerazione³.

La costituzione e lo sviluppo della chiesa episcopale in Campania, ed in particolare di Ariano dal IX all'XI secolo, è stata sicuramente condizionata dalla situazione storico-politico dell'Italia meridionale dell'epoca, attraversata da politiche di conquiste e di colonizzazione ora da parte dei Longobardi, ora da parte dei Franco-Carolingi o dai Bizantini.

Vi fu un equilibrio delle forze politiche che finì per portare a continui disordini fino alla comparsa dei Normanni, che imposero ai principi longobardi ed ai luogotenenti bizantini di adattare le strutture della vita politica all'organizzazione ecclesiastica che aveva sofferto i continui sovvertimenti politici⁴.

Lo scopo era di rafforzare l'autorità politica concentrando sul capoluogo i legami con le comunità religiose.

Già dal 966, tuttavia, i capoluoghi dei principati longobardi erano divenuti anche sedi di arcivescovadi e punti di riferimento religioso, come Capua (14 agosto 966), Salerno (983), Amalfi (987) e Benevento (26 maggio 969).

In tal modo le sedi metropolitane avevano confini aperti e seguivano il mutamento di quelle politiche e gli arcivescovi agivano in pieno accordo con i loro prìncipi, auspicando, se non manifestando, piena intenzione di estendere i propri confini verso città da elevare a

---

³ A. Galdi, *Santi, territori, poteri e uomini nella Campania medievale (Secc. XI-XII)*, Serino, Laveglia, 2004.
⁴ N. Kamp, *Vescovi e diocesi nell'Italia meridionale nel passaggio dalla dominazione bizantina allo Stato normanno*, Atti del II convegno internazionale di studio (Taranto-Mottola, 31 ottobre-4 novembre 1973), a cura di C. D. Fonseca, Taranto, 1977, p. 176. Norbert Kamp nella relazione afferma che «Il vescovo non fu fatto partecipare al potere secolare nella sua diocesi, però gli fu assicurato il sostentamento tramite la partecipazione alle entrate dello Stato».

suffraganee della propria "Metropoli"[5].

In Italia meridionale, a partire dalla fine del IX secolo, si assistette a una doppia spinta riorganizzativa che ha portato ad una sostanziale coincidenza tra capoluoghi amministrativi dell'età romana e sedi diocesane[6].

La ristrutturazione della chiesa cristiana procedette in modo sistematico, tenendo presente le indicazioni del Concilio di Sardica del 343 che proibivano di istituire chiese *"in aliquo pago vel parva urbe"*[7]. Le invasioni barbariche prima e la stabilizzazione per un lungo periodo dei Longobardi in Italia meridionale dopo, determinarono sostanziali modifiche sia nella distribuzione demografica che nella geografia amministrativa dei nostri territori, anche con sovvertimenti nella gerarchia dei centri urbani e conseguenti ricadute sulla mappa delle sedi vescovili. L'Impero bizantino aveva istituito nuove diocesi e anche nuove arcidiocesi legate a Costantinopoli sulle coste della Calabria (Reggio Calabria, Santa Severina) e della Puglia (Bari, Brindisi, Taranto, Otranto), talvolta poste a distanza ravvicinata per motivi più politici che pastorali.

---

[5] Metropoli veniva definita, nei primi secoli, la città matrice o principale della provincia, nella quale per prima era stata predicata la religione cristiana, da dove poi si era diffusa verso gli altri centri. Per questo fatto, ed anche per l'influsso dell'organizzazione provinciale romana, il vescovo della metropoli si trovò ad esercitare una certa giurisdizione sui vescovi comprovinciali, chiamati, dal sec. VIII, anche suffraganei.

[6] E. Kurzel, *Vescovi e diocesi in Italia nell'Alto Medioevo*, Milano, Centro Ambrosiano, 2016.

[7] «In ogni piccola città o villaggio». Il Concilio di Sardica (oggi Sofia nell'Illirico) nel 343 d.C. al canone 6 stabilisce il divieto di ordinare vescovi rurali perché *"non vilescat nomen episcopi et auctoritas"*

Nel Medioevo tuttavia si assiste al sorgere di sedi vescovili in agglomerati secondari, privi di autonomia amministrativa. Si tratta di *vici* e *mansiones* romani lungo gli itinerari stradali e per questo definiti "diocesi rurali" nella letteratura di fine '800. Da allora tale definizione è invalsa negli studi come pure il pregiudizio di trovarsi di fronte ad oscuri luoghi di campagna, in povere contrade deserte. Il numero delle diocesi rurali è meno esiguo di quanto si pensi ed alcune di queste diocesi sorsero in luoghi che erano stati anche centri amministrativi. La funzione di fulcro amministrativo e la probabile presenza di stazioni di posta (nodo viario) innescarono un processo di addensamento demografico e dinamiche economiche che evidentemente giustificavano la presenza di un vescovo, espressione di una comunità cristiana matura e organizzata.

I Longobardi, che ancora tenevano l'ampio ducato di Benevento, parimenti interessati a riorganizzare la Chiesa dei loro territori attorno a nuovi centri religiosi, fecero lo stesso: nacquero allora, a partire dagli anni sessanta del X secolo, le nuove sedi arcivescovili di Capua, Salerno, Benevento, Amalfi, Sorrento e Napoli. Gli interessi del papato, pertanto, che certamente non condivideva i tentativi bizantini di creare una gerarchia vescovile legata a Costantinopoli, convergevano con quelli dei Longobardi ed autorizzò tali innovazioni. I piani religiosi e politici di Salerno e Benevento, capitale del Granducato Longobardo in Italia meridionale, miravano al di là dei confini politici come si può dedurre dai privilegi papali concessi alle due sedi metropolite: Benevento estese i confini episcopali fino a Siponto e San Michele del Gargano, mentre a Salerno vennero accreditate come sedi suffraganee altre in Campania (Conza), ma finanche in Lucania (Acerenza) e Calabria (Cosenza) cosicché il riconoscimento delle nuove città, quali sedi suffraganee dell'arcivescovado, divenne il legame unificante della politica di espansione episcopale.

La sede papale era distante da questi luoghi e i papi erano costretti loro malgrado ad assicurare l'appoggio a questa politica religiosa dei Longobardi, il cui scopo era la ricerca di una stabilità interna del potere dei principi, i quali a loro volta trovavano mediazione con Roma attraverso gli arcivescovadi.

Con l'avvento di papa Leone IX (1049-1054) si avviò un processo di riforma che tenesse in considerazione la situazione di fatto in Italia meridionale, rispettando le istituzioni degli arcivescovadi latini esistenti da una parte e delle province ecclesiastiche greco-bizantine dall'altra[8].

A Benevento venne concesso il privilegio papale che rimetteva all'arbitrio del metropolita in carica di riservare vescovadi suffraganei a determinate città e adatte allo scopo, anche se ciò diede vita ad un'organizzazione provinciale molto frazionata in rapporto al numero degli abitanti. L'arcivescovado di Capua, tuttavia, non riuscì ad espandersi per le pretese e la vicinanza di Napoli da una parte e Benevento dall'altra, mentre Salerno veniva ostacolata dalla rapida espansione dei Normanni in Lucania e l'elevazione ad arcivescovado di Conza.

Le motivazioni dell'innalzamento a rango di sede arcivescovile di Conza intorno all'anno 1050 vanno ricercate nel contesto di un quadro politico più complesso: l'elevazione di Conza avvenne prima di tutto a discapito di Cosenza, sia perché eletta ad arcivescovado dal governo bizantino, sia per le posizioni assunte nel corso delle vicende connesse alla rivalità politica fra i Normanni lucani e i Longobardi salernitani. Ben si comprende che il declassamento di Cosenza era per contrastare *in primis* la presenza in quei luoghi della chiesa bizantina e per la proclamazione dell'autocefalia di Cosenza, esente dalla giurisdizione metropolitica di Reggio, nonché per ribadire l'autorevolezza normanna nelle terre calabre.

---

[8] Papa Leone IX, non fidandosi pienamente dell'imperatore Enrico III di Franconia, imperatore del Sacro Romano Impero dal 1046, cercò un avvicinamento con i bizantini; alleatosi con questi, mosse guerra contro i Normanni, ma vide il suo esercito sconfitto nella battaglia di Civitate.
La pacificazione tra il Papato e i Normanni si ebbe, poi, successivamente e sancita nel **Giuramento di Melfi** (1059) tra papa Niccolò II e Roberto il Guiscardo quando questi fu elevato alla dignità di duca di Puglia e di Calabria "per grazia di Dio e di S. Pietro", con l'impegno ad aiutare il pontefice "perché mantenga e recuperi i diritti di S. Pietro ed i suoi possedimenti, contro qualunque persona". Si veda: C.D. Fonseca, *Roberto il Guiscardo, tra Europa, Oriente e Mezzogiorno*, relazione in Atti del convegno internazionale di studi (Potenza-Melfi-Venosa, 19-23 ottobre 1985), a cura di C. D. Fonseca, Galatina, Mario Congedo Editore, 1990.

Il possesso di Benevento, antica capitale del ducato Longobardo, risultava strategicamente imprescindibile per il dominio dei territori meridionali da parte dei Normanni, ma l'azione militare di Roberto il Guiscardo era di aperta ostilità contro il papato per i diritti di cui godeva la Chiesa sulla città[9]. Occupata Benevento, l'avanzata dei Normanni proseguì verso Spoleto, giungendo a minacciare persino Roma. Le scomuniche di Gregorio VII non portarono a niente: più che a vane minacce siamo di fronte a schermaglie politiche complesse, nessuno voleva lo scontro, perché Gregorio VII riteneva Roberto il Guiscardo un valido interlocutore nell'Italia meridionale: le minacce e i temporeggiamenti servivano ad entrambi per partire da una posizione privilegiata in occasione di future intese tra le parti.

Papa Gregorio VII espresse con chiarezza nel ***Dictatus papae*** (vedi fig. 1 - marzo 1075), una raccolta di ventisette proposizioni ciascuna delle quali enunciava uno specifico potere del pontefice: l'unico che poteva essere definito "vescovo universale" era quello di Roma ed al III assioma si afferma *«Quod ille solus possit deponere episcopos vel reconciliare»*[10].

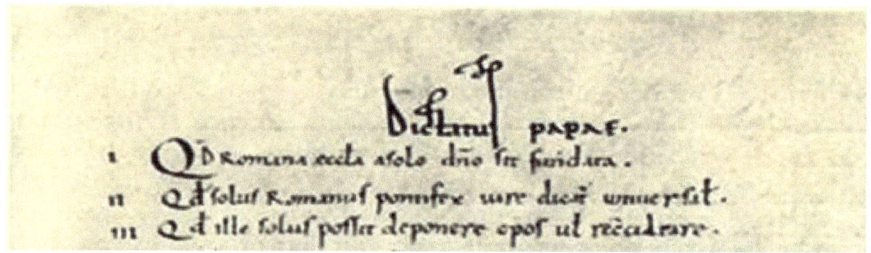

Figura 1 - *Dictatus papae*. I primi tre assiomi

---
[9] L'alleanza precedente era stata stipulata tra Papa Niccolò II e Roberto il Guiscardo nel Giuramento di Melfi (1059), confermata anche con il successore Alessandro II, ma la situazione cambiò in peggio con Gregorio VII.
[10] «Che egli solo può deporre o insediare i vescovi».

Si trattava di riservare al papa prerogative che da quel momento riguardavano solo la sfera ecclesiastica: sia se le decisioni afferivano alla nomina di un vescovo, sia se afferivano alla scelta di istituire una nuova diocesi. È chiaro che un centro abitato che fosse anche sede vescovile aumentava gli interessi e il prestigio della comunità destinataria dell'investitura, per cui le scelte del pontefice potevano contribuire anche allo sviluppo di un centro abitato. Se si tiene conto del contesto generale della "lotta per le investiture" che vedeva l'autorità papale e non quella imperiale nel favorire o meno un neo-arcivescovo, il *Dictatus* gregoriano poteva essere anche lo strumento per poter riconoscere un premio alla comunità locale per l'appartenenza allo schieramento politico papale.

Ancora una volta fu la mediazione di Desiderio di Montecassino (poi papa Vittore VIII) che favorì l'incontro di Ceprano del giugno 1080 in cui Roberto il Guiscardo rinnovò il giuramento di fedeltà, sostanzialmente simile a quello precedente del 1059: "*ab hac hora et deinceps ero fidelis Sancte Romane Ecclesie, et apostolice sedi et tibi domino meo*"[11].

Da parte di Gregorio VII vi fu l'accettazione dell'occupazione e l'investitura di Roberto il Guiscardo, ritenendola utile per la Chiesa anche per proteggersi dalle prevedibili dure reazioni di Enrico IV, che occupava i territori a nord delle terre pontificie, anch'egli destinatario di scomunica papale[12].

Il ripopolamento delle campagne e la messa a coltura di nuove terre,

---

[11] «D'ora in poi sarò fedele alla Santa Romana Chiesa, alla sede apostolica e a Te mio signore».
[12] G. Picasso, *Roberto il Guiscardo "Fidelis" della chiesa romana e di Gregorio VII*, in *Roberto il Guiscardo tra Europa, Oriente e Mezzogiorno*. Atti del convegno internazionale di studio (Potenza-Melfi-Venosa, 19-23 ottobre 1985), a cura di C. D. Fonseca, Galatina, Mario Congedo Editore, 1990.

dato che emerge anche dai numerosi contratti agrari dell'epoca[13], e le spinte che inducevano a considerare opportuno un adeguamento della rete diocesana ai centri del potere civile avevano dunque già portato più volte a modifiche della geografia ecclesiastica[14].

La politica papale comunque finì per risultare in pieno accordo con quella dei Signori del regno dell'epoca, i Normanni, come sta a significare la loro richiesta al papato, poi assecondata, della nascita di nuove sedi vescovili nei nuovi centri amministrativi, come Aversa in Campania (dopo la metà del secolo XI).

Questi interessi convergenti tra i dominatori e il papato, se da una parte davano seguito a ripetute modifiche dell'assetto della geografia ecclesiastica anche susseguenti a precise istanze dei Normanni, è pur vero che rispondevano ad un implicito riconoscimento nell'autorità papale, quale l'unica deputata alla consacrazione di nuovi vescovi e all'istituzione di nuove sedi episcopali.

I confini civili e vescovili non coincidevano necessariamente anche se erano solite corrispondere per importanza le due sedi; dal punto di vista ecclesiastico era un problema relativo giacché si rimarcava il fatto che il governo spirituale non si esercitava sullo spazio, inteso come ambito territoriale, ma sui fedeli. La non corrispondenza dei limiti territoriali tra le *civitates* dell'ordinamento dello stato e le *dioceses* rende ancor più difficile anche la ricostruzione storica dei confini ecclesiastici, dovendoci riferire necessariamente alla documentazione di esse, che sotto questo aspetto risulta abbastanza povera di contenuti.

---

[13] G. Vitolo, *La conquista normanna nel contesto economico del mezzogiorno*, Atti del convegno internazionale di studio (Potenza-Melfi-Venosa, 19-23 ottobre 1985), a cura di C. D. Fonseca, Galatina, Mario Congedo Editore, 1990.
[14] E. Kurzel, op. cit. *Vescovi e diocesi in Italia nell'Alto Medioevo*, op. cit.

Semmai il problema legato ai limiti territoriali di ogni singola diocesi poteva interessare i limiti delle diocesi contermini, visto che il pagamento delle tasse ecclesiastiche andava effettuato a vantaggio non della chiesa ove ci si recava per i sacramenti, ma di quella avente competenza per territorio. Da qui ne conseguiva che, rafforzando il concetto di governo vescovile, la conoscenza geografica diocesana non era più un semplice dettaglio, potendo ingenerare controversie tra le diocesi per l'affermazione dei propri diritti nella titolarità territoriale rispetto a quelle confinanti.

Gli arcivescovadi e le province ecclesiastiche trovarono una loro definitiva strutturazione con l'avvento di papa Urbano II (1088) e di papa Pasquale II (1099), completate dall'istituzione di nuove sedi suffraganee, cosicché l'intero assetto episcopale di questa parte d'Italia era pressoché compiuta quando il regno di Ruggero II creò **l'unità politica del regno normanno.**

1.3 Le diocesi in Campania nell'XI e XII secolo

Facendo riferimento alla Campania medievale è chiaro che ricorriamo ad una entità politico-amministrativa astratta, visto che la sua definizione amministrativa è avvenuta in età contemporanea, per cui i punti di riferimento rispetto ad un concetto di confine non possono che essere le città medievali quali sedi metropolitane: Benevento, Napoli, Capua, Amalfi, Salerno e le rispettive province ecclesiastiche dei secoli XI e XII, periodo oggetto di trattazione. In tale periodo, caratterizzato dalla conquista normanna, si registra una profonda trasformazione della rete politico-amministrativa rispetto alla precedente dominazione longobarda, cui è collegato l'impegno a favore dei monasteri e dei vescovadi in piena sintonia con la politica pontificia di attuazione della riforma religiosa e di rinnovamento delle strutture ecclesiastiche.

Dalla seconda metà dell'XI secolo le sedi metropolite campane furono interessate da interventi di riorganizzazione che portarono all'istituzione di nuove diocesi, accompagnata dalla costruzione di nuove cattedrali o al ripristino di vecchie sedi episcopali e al trasferimento di altre, quali conseguenze di vari interessi e sollecitazioni, di cui si avvantaggerà soprattutto l'arcidiocesi beneventana.

L'interesse da parte dei Normanni per il riassestamento della rete diocesana stava a significare che da parte di costoro vi era la consapevolezza che la ristrutturazione del rapporto tra sedi suffraganee e metropolitiche e la creazione di nuovi episcopati nei centri di potere politico-amministrativo, le contee, avrebbe reso più facile il controllo politico del territorio[15]; gli interessi del papato, invece, erano tanto quelli di rafforzare «l'intelaiatura istituzionale della diocesi» e di «rivalutare l'importanza dell'episcopato nei confronti del centralismo ecclesiastico che, talvolta, non aveva dato i risultati sperati»[16] quanto quella di recuperare il Mezzogiorno d'Italia alla giurisdizione pontificia, all'interno di un territorio segnato da due obbedienze religiose, la romana e la bizantina.

Significativo il fatto che la **dignità vescovile** venisse richiesta per

---

[15] C. D. Fonseca, *Le Istituzioni ecclesiastiche e la conquista normanna. Gli episcopati e le cattedrali*, in *I caratteri originari della conquista normanna*, a cura di R. Licinio-R. Vallone, Bari, Dedalo, 2004.

[16] C. D. Fonseca, *La Chiesa* in *I Normanni popolo d'Europa*, a cura di M. D'Onofrio, CESN, Venezia, Marsilio, 1994, p. 172

quelle città che i Normanni avevano scelto quali centri amministrativi del loro potere politico: lo prova il caso di Aversa, sede protocontea normanna, o in Puglia tra i vari casi quelli di Andria, Mottola e Castellaneta, venendosi a creare in tal modo un'efficace corrispondenza di sedi comitali con le sedi vescovili.

Ne è riprova il fatto che proprio in quegli anni (seconda metà del secolo XI) i Normanni crearono nuove contee in coincidenza con l'istituzione di nuove sedi diocesane suffraganee; come il caso dell'accresciuto prestigio della sede metropolitana di Capua in cui si registrava **la presenza contemporanea di due personalità di origine normanna** sia a capo del Principato, con Riccardo Drengot Quarrel, Conte di Aversa (1058-1078), sia presso la cattedra episcopale di Capua, con l'arcivescovo metropolita Erveo (1072-1087).

Il regno, nelle fasi in cui si manifestava la sua efficacia, poteva contare su cariche vescovili ed anche abbaziali per insediarvi esponenti più fedeli all'aristocrazia: al regno conveniva non ostacolare il processo parallelo e qualitativamente opposto che si andava ad accelerare nelle aree in cui era debole la presenza del potere politico normanno, era meglio godere del consenso e dell'alleanza sia di quelle sedi vescovili che avevano ormai un'irreversibile autonomia, sia delle famiglie che, anche attraverso l'aggancio ad influenti monasteri, si identificavano con la storia delle diverse regioni (Pandolfo e Landolfo a Capua e Benevento, Arechi II a Salerno).

In questo contesto il potere politico interagiva in due modi con gli enti religiosi: per completare e radicalizzare territorialmente il loro potere, le maggiori famiglie o avviano una significativa attività edificatoria di luoghi culto, anche con la fondazione di monasteri, o collocavano loro membri in sedi vescovili, assicurandosi in questo modo che discendenti di estrazione normanna accelerassero la realizzazione di signorie politiche-territoriali. I centri ecclesiastici divenivano così nuclei dell'affermazione normanna ed al tempo stesso centri di rielaborazione e di completamento di una cultura che non aveva più caratteri esclusivamente militari.

Nella prima fase di transizione di unificazione dell'Italia meridionale nel regno normanno, sembra certo che nei territori bizantini i vescovi venissero scelti tra i notabili locali, mentre i nuovi arcivescovi che venivano ad insediarsi nel territorio campano rispondevano appieno agli interessi sia del papato che dei Normanni ed erano rappresentati da personalità significative come Alfano di Salerno, Roffredo di Benevento e Ildebrando di Capua, che erano da molto tempo in stretta unione con la curia romana.

Altro aspetto da considerare comune a diversi vescovi dell'epoca è che avessero ricevuto la propria formazione ed educazione religiosa a Montecassino, che rappresentava con i suoi monaci negli anni dopo il 1050 una riserva da cui attingere con una certa preferenza i vescovi destinati all'Italia meridionale. È il caso tra gli altri del già citato Roffredo di Benevento dal 1076 vescovo competente per il Sannio, Alfano di Salerno dal 1058, nonché Pietro arcivescovo di Napoli dal 1100.

Ai monaci benedettini seguirono, a capo delle province ecclesiastiche, dei cardinali di nomina papale, a dimostrazione che si faceva più pregnante il riformismo della chiesa dell'epoca anche rispetto alla scelta della nomina episcopale: era un segnale forte con cui i papi cercavano di contrastare le ingerenze locali e di abbattere le consuetudini del passato.

1.4 Istituzione di nuovi centri ecclesiastici

La presenza dei Normanni in Italia meridionale, quindi, diede impulso ad un fenomeno generale con ripercussioni su tutti i settori della vita sociale e sull'organizzazione territoriale. Da una parte i Normanni diedero corso all'erezione di castelli ed alla riorganizzazione delle istituzioni politico-amministrative, segnando le ripartizioni territoriali con la creazione di comitati, dall'altra si attivarono per l'istituzione di nuove diocesi e la conseguente edificazione e dedicazione delle cattedrali. L'ubicazione delle cattedrali collegata alle istituzioni delle nuove diocesi nel centro urbano, in salda correlazione con la presenza dei *castra*, non va considerata una casuale scelta urbanistica, in quanto fu il frutto di due scelte convergenti: l'una di carattere politico, l'altra di impronta ecclesiastica.

Oltre alla conferma delle maggiori città altomedievali sopra citate, per l'individuazione delle nuovi sedi episcopali era necessario che si tenesse conto anche della presenza di ulteriori fattori: che la nuova sede fosse garante di una maggiore stabilità, che la presenza e l'azione dei vescovi potesse incidere sulla trasformazione del territorio e sull'accrescimento delle dinamiche sociali economiche e politiche, e fosse stimolo per i fenomeni devozionali concorrenti alla costruzione di una identità civile e religiosa. Ovviamente il disegno politico dei Normanni veniva facilitato nel caso la scelta fosse ricaduta in quelle città laddove erano già presenti sia le strutture di amministrazione politica o di difesa del territorio sia quelle destinate alla pratica del culto cristiano.

Tra la prima metà dell'XI secolo e la prima metà del secolo seguente, pertanto, le istituzioni ecclesiastiche in Italia meridionale erano legate alla conquista normanna ed il riassetto ecclesiastico e le nuove diocesi, accompagnate da un'intensa attività di edificazione di nuove cattedrali, non potevano non tener conto che all'interno il territorio era comunque segnato da due correnti religiose: la romana e la bizantina.

Tra queste nuove diocesi in Campania vennero erette Aversa nel 1053, con la consacrazione del vescovo Azolino da parte di papa Leone IX, Lacedonia nel 1082 con la consacrazione del vescovo Desiderio, Bisaccia con il vescovo Atinolfo, Sarno con il vescovo Riso ordinato nel 1066 da Alfano di Salerno, Nusco nel 1076 con il vescovo Amato (Santo) e nel 1080 Sant'Angelo dei Lombardi (vescovo ignoto).

L'istituzione di nuove diocesi con la costruzione di nuove cattedrali fu il risultato di una concomitanza di interessi convergenti, sia da parte dei Normanni che da parte della Chiesa.

Da parte dei Normanni vi era interesse all'istituzione di centri ecclesiastici presso i centri amministrativi del loro potere politico, creando in tal modo una corrispondenza di sedi comitali con le sedi vescovili; da parte del papato la creazione di un gran numero di vescovi e arcivescovi, che specie in Campania e in Puglia ha comportato un'eccessiva articolazione dell'organizzazione ecclesiastica, veniva giudicata positivamente in quanto il gran numero di episcopati garantiva sostegno al papa in occasione di sinodi e concili generali da parte del papato, inoltre, vi era anche interesse a recuperare grazie ai Normanni, diocesi, chiese e beni sottoposti da oltre due secoli al dominio di Bisanzio[17].

Ne consegue che la limitata estensione territoriale delle diocesi e l'abbondanza di vescovi diviene un aspetto tipico dell'organizzazione ecclesiastica in Italia meridionale in epoca normanna e ancor più in

---

[17] C. D. Fonseca, *Le istituzioni ecclesiastiche e la conquista normanna*, op. cit.

Campania, diversa, però, da altre realtà come quella dei vescovi abruzzesi i quali non risiedevano in città ma in piccoli centri cui era demandata l'amministrazione di vasti territori prevalentemente rurali.

1.5 Innovata capacità economica delle chiese episcopali

Altro aspetto legato alla presenza dei Normanni è la funzione delle chiese nel tessuto statale e la loro capacità economica, con un fine riformatore da porre a base della politica economica ecclesiastica valida per tutto il regno. Questo concerneva anzitutto la dotazione economica e giuridica delle chiese nonché il controllo e la scelta dei loro dirigenti religiosi.

La stabilità economica delle chiese nel periodo precedente la dominazione normanna consisteva principalmente nell'esonero delle chiese dal pagamento dei tributi; esse non ricevevano entrate statali né le venivano affidate istituzioni o funzioni statali. Il sostentamento delle chiese e del clero si basava sui beni ecclesiastici, che erano in gran parte donazioni di privati, e sul provento da elargizioni ed elemosine[18].

Con i Normanni in Italia meridionale, prima della fondazione del regno di Ruggero II, venne avviato un "processo di adattamento livellatorio"[19], assicurando il sostentamento al vescovo tramite la partecipazione alle entrate dello Stato con l'assegnazione delle decime.

Le **decime regie** condussero ad un legame tra la chiesa episcopale con

---

[18] N. Kamp, *Vescovi e diocesi nell'Italia meridionale nel passaggio dalla dominazione bizantina allo Stato normanno*, Atti del II convegno internazionale di studio (Taranto – Mottola, 31 ottobre – 4 novembre 1973), a cura di C. D. Fonseca, Taranto, 1977, p. 176. Norbert Kamp nella relazione afferma che «Il vescovo non fu fatto partecipare al potere secolare nella sua diocesi, però gli fu assicurato il sostentamento tramite la partecipazione alle entrate dello Stato».
[19] N. Kamp, *Vescovi e diocesi nell'Italia meridionale*, op. cit.

il potere statale: le chiese partecipavano economicamente ai progressi materiali del regno normanno, traendo benefici dalla sua politica fiscale e tributaria, pertanto gli interessi sia della chiesa che della corona non differivano, ma erano convergenti verso lo sfruttamento fiscale dell'economia del regno. Questo significò per la chiesa un aumento delle proprie capacità economiche, per i Normanni la coscienza del raggiungimento di una pacificazione e la consapevolezza di vivere in una epoca di riforma e di risveglio culturale.

Tutto ciò fu anche la premessa per la costruzione delle chiese cattedrali già dagli ultimi decenni del secolo XI, come già anticipato, cui seguirono ricognizioni e traslazioni dei santi vescovi verso le nuove costruzioni religiose.

L'impegno dei nuovi Signori favorì, quindi, **l'autonomia economica episcopale**, **lo sviluppo dei monasteri** e **l'edilizia sacra**, quest'ultima particolarmente intensa per tutta la seconda metà del secolo XI. La costruzione di nuove cattedrali rifletteva spinte convergenti sia da parte dei nuovi conquistatori che da parte del papato: all'istituzione di nuove contee per un controllo più facile del territorio si accompagnò da parte dei medesimi l'attività edificatoria di nuove cattedrali o il ripristino di vecchie sedi ecclesiastiche, con la richiesta di dignità vescovile per quelle città che gli stessi Normanni avevano scelto quali centri amministrativi del loro potere politico. Le nuove cattedrali richiedevano necessariamente la presenza di reliquie di santi per la loro venerazione presso i nuovi luoghi di culto, riavviando, specialmente presso le realtà locali, interessanti testimonianze di nuove promozioni devozionali sia susseguenti alla ricerca di ricognizioni che di traslazioni di santi e vescovi. Pertanto la trasformazione degli assetti istituzionali, sia politici che ecclesiastici, la realizzazione di nuovi centri di culto (cattedrali) e l'apertura a nuove istanze spirituali e religiose, sono fenomeni che avranno ripercussioni sul piano **devozionale** ed **agiografico**.

1.6 Le devozioni accompagnate da documentazione agiografica

Le devozioni per i propri santi nelle maggiori città campane, nel passato, era espressione della loro identità, caratterizzate prevalentemente dalla santità martiriale o di origine orientale. In seguito il culto dei santi si è focalizzato presso quelli nati entro comunità monastiche di recente fondazione, personaggi che avevano inciso sostanzialmente sul quadro monastico del Mezzogiorno.

Sono alcune realtà locali che, in coincidenza con la presenza dei Normanni e in dipendenza della rinnovata geografia ecclesiastica ed attività edificatoria delle cattedrali, offrono interessanti testimonianze di nuove promozioni devozionali giustificate all'interno del contesto politico ed ecclesiastico. In alcune nuove diocesi in questo periodo nascono culti relativi a vescovi contemporanei o a personaggi che avrebbero occupato la cattedra episcopale, accompagnati dall'agiografia di quel periodo, devozioni che tuttavia non superano in genere l'ambito locale.

Le devozioni per i propri vescovi

La presenza delle reliquie in generale, ma più in particolare se appartenenti ad apostoli *in primis*, o a martiri e vescovi poi, bastava da sola a conferire alla sede che le ospitava maggior prestigio rispetto ad altre che ne erano prive. Abbiamo avuto modo di osservare come tale condizione abbia giocato un ruolo favorevole di precedenza per la scelta della sede metropolitana beneventana rispetto a quella capuana da parte di papa Giovanni VIII il 26 maggio 969, poiché il fatto che ospitasse le reliquie dell'Apostolo Bartolomeo potesse conferire alla diocesi capitale dell'ex-ducato il crisma dell'apostolicità.

Dopo il martire e l'eremita, pertanto, **il vescovo inaugura il terzo modello di santità**, che accomuna modello martiriale e modello comunitario. Il vescovo è il modello influente per tutta la comunità, il potente operatore di cose meravigliose, l'intercessore celeste: emerge un'immagine episcopale del tutto coerente col culto taumaturgico a carattere popolare; una figura, quella vescovile, che si caratterizza per una serie di virtù personali, castità, vita ascetica, ma anche sociali, come la realizzazione di importanti opere pubbliche, al fine di dare maggiore sostegno materiale ai fedeli; vescovo, quindi, come modello ideale di santità proposto a tutta la comunità intera[20].

L'area meridionale si presenta molto reattiva sul piano religioso e devozionale nel corso dell'XI secolo, singolare il rapporto che si rinviene tra santità e strutture socio-politiche. Sulla cristianizzazione della Campania e sulla formazione delle prime diocesi nelle zone interne ebbe notevole influsso la rete viaria: un'area geografica attraversata da due grandi arterie, la via Appia e la Traiana, che ben la collegavano con le grandi città del centro Italia (Roma), e con gli empori dell'*Apulia et Calabria*; un'area di passaggio di merci e di idee, un crocevia di concezioni religiose tra occidente ed oriente. Fonti agiografiche hanno consentito la ricostruzione parziale della cronotassi episcopale dei vescovi di alcune comunità meridionali.

---

[20] Sull'evoluzione del modello agiografico vescovile, cfr. *I modelli agiografici* in C. Leonardi, 1989.

Un grande aiuto è dato dall'agiografia e precisamente dalle biografie dei singoli vescovi, dalle quali emerge la situazione ecclesiale delle diverse diocesi, l'articolarsi del messaggio cristiano nella società cittadina, i modi di espansione cristiana, le questioni dottrinali, sociali e politiche. E così la carenza di fonti antiche viene in qualche modo colmata da questa ricca produzione agiografica che, se sottoposta ad una rigorosa analisi, scindendo gli elementi storici da quelli leggendari e fantastici, rappresenta un prezioso contributo per la comprensione del fenomeno cristiano nel suo insieme.

Pertanto la nascita, lo sviluppo e la diffusione di un culto non vanno solo esaminati nella loro dimensione religiosa, sacra o semplicemente atemporale, in quanto, se opportunamente contestualizzati, consentono di cogliere anche elementi politici, sociali, economici.

Nei centri minori in Campania nascono **devozioni per i propri vescovi** che rafforzano l'identità civile e religiosa della comunità locale, assumendo testimonianze significative dell'epoca sul fenomeno devozionale, sviluppatosi nel corso dei secoli in esame che come abbiamo accennato erano accompagnati o dalla **traslazione** di reliquie di santi e vescovi o dalla **scoperta** di santi del passato. Uno degli esempi che potremmo assurgere come "ricognizione" è quella legata al seggio episcopale ripristinatosi nel corso dell'XI secolo a Frigento in sostituzione di Quintodecimo, su un vescovo, Marciano[21] (vedi figura 2 – *La vita* da F. Ughelli), vissuto probabilmente nel V secolo, il cui culto venne rilanciato negli anni coincidenti con l'istituzione della sede vescovile avvenuta, però, solo nell'XI secolo, rafforzando la tesi della certezza o almeno della probabilità che «una diocesi di recente istituzione, priva di un suo santorale proprio, recuperi e sostenga la memoria del suo santo più prestigioso, efficace a nobilitare le origini e il passato della neonata fondazione»[22].

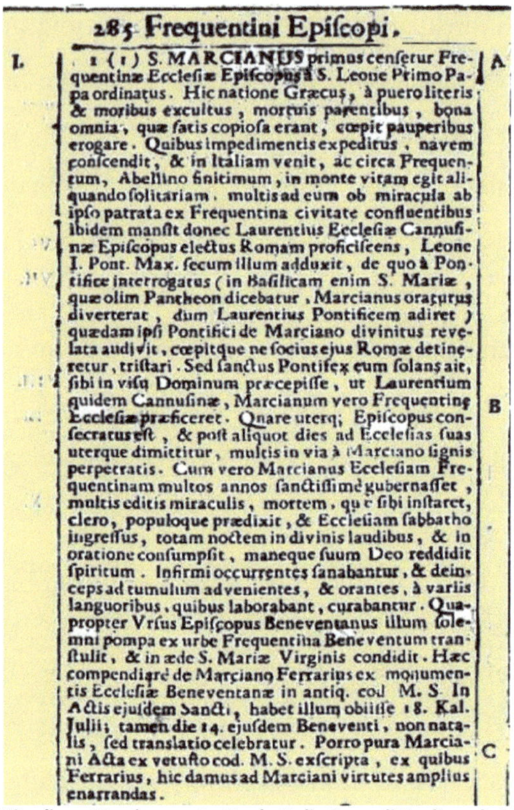

285 Frequentini Episcopi.

I. 1 (1) S. MARCIANUS primus censetur Frequentinæ Ecclesiæ Episcopus à S. Leone Primo Papa ordinatus. Hic natione Græcus, à puero literis & moribus excultus, mortuis parentibus, bona omnia, quæ satis copiosa erant, cœpit pauperibus erogare. Quibus impedimentis expeditus, navem conscendit, & in Italiam venit, ac circa Frequentum, Abellino finitimum, in monte vitam egit aliquando solitariam. multis ad eum ob miracula ab ipso patrata ex Frequentina civitate confluentibus ibidem mansit donec Laurentius Ecclesiæ Cannusinæ Episcopus electus Romam proficiscens, Leone I. Pont. Max. secum illum adduxit, de quo à Pontifice interrogatus (in Basilicam enim S. Mariæ, quæ olim Pantheon dicebatur, Marcianus oraturus diverterat, dum Laurentius Pontificem adiret) quædam ipsi Pontifici de Marciano divinitus revelata audivit, cœpitque ne socius ejus Romæ detineretur, tristari. Sed sanctus Pontifex eum solans ait, sibi in visu Dominum præcepisse, ut Laurentium quidem Cannusinæ, Marcianum vero Frequentinæ Ecclesiæ præficeret. Quare uterq; Episcopus consecratus est, & post aliquot dies ad Ecclesias suas uterque dimittitur, multis in via à Marciano signis perpetratis. Cum vero Marcianus Ecclesiam Frequentinam multos annos sanctissimè gubernasset, multis editis miraculis, mortem, quæ sibi instaret, clero, populoque prædixit, & Ecclesiam sabbatho ingressus, totam noctem in divinis laudibus, & in oratione consumpsit, maneque suum Deo reddidit spiritum. Infirmi occurrentes sanabantur, & deinceps ad tumulum advenientes, & orantes, à variis languoribus, quibus laborabant, curabantur. Quapropter Ursus Episcopus Beneventanus illum solemni pompa ex urbe Frequentina Beneventum transtulit, & in æde S. Mariæ Virginis condidit. Hæc compendiarè de Marciano Ferrarius ex monumentis Ecclesiæ Beneventanæ in antiq. cod. M. S. In Actis ejusdem Sancti, habet illum obiisse 18. Kal. Julii; tamen die 14. ejusdem Beneventi, non natalis, sed translatio celebratur. Porro pura Marciani Acta ex vetusto cod. M. S. exscripta, ex quibus Ferrarius, hic damus ad Marciani virtutes amplius enarrandas.

Figura 2 - **La *Vita* di san Marciano, estratto da *Italia Sacra* di Ferdinando Ughelli, 1662.**

[21] La *Vita* di san Marciano venne pubblicata per la prima volta da Ferdinando Ughelli nel 1662 (vedi Figura 2) nel volume VIII della sua *Italia sacra,* ricavata da una antico manoscritto oggi scomparso.

Come ci dicono gli atti, composti molti secoli dopo il periodo in cui si suppone essere vissuto il santo, S. Marciano era di origine greca e ricco. Distribuito tutti i suoi beni ai poveri, orfani e vedove, Marciano si diede a vita ascetica. Ciò attirò su di lui l'ammirazione dei connazionali. Per sottrarsi agli onori, lasciò la Grecia e venne in Italia stabilendosi a Frigento, piccolo centro in Irpinia, come eremita. Qui operò vari miracoli. Quando, poi, si recò a Roma insieme al suo amico Lorenzo che doveva essere consacrato vescovo di Canosa, il papa s. Leone I lo elesse vescovo di Frigento, dove esercitò il suo episcopato in modo esemplare. Marciano quindi sarebbe vissuto nella metà del V secolo. Occorre rilevare, però, che Frigento non era sede vescovile in quel tempo, lo diventerà solo nell'XI secolo, subentrando a Quintodecimo, l'antica Aeclanum. Reliquie di S. Marciano erano venerate a Frigento, ma furono portate nel 839, per ordine del principe Sicardo, nell'abbazia di S. Sofia a Benevento, perché luogo ritenuto più sicuro da incursioni.

[22] A. Galdi, *Santi, poteri, territori e uomini nella Campania medievale*, Serino, Laveglia, 2004.

Le agiografie come sistema di comunicazione di messaggi edificanti e di documentazione storica. Le influenze normanne sull'agiografia.

Napoli e Benevento, consapevoli delle valenze delle devozioni e delle reliquie, sono sedi di *scriptoria* agiografici qualificati, legati tradizionalmente ai monasteri ed alle diocesi, la cui attività si è sviluppata prevalentemente nella raccolta e ricopiatura di più antichi testi agiografici. In questo periodo gli agiografi dell'Abbazia di Montecassino hanno svolto un ruolo fondamentale nella promozione di culti, nella veicolazione di modelli di santità, nell'azione rigeneratrice di tutte le chiese dell'Italia meridionale.

Si deve agli *scriptoria casinenses*[23], i monaci di Montecassino, il monumentale lavoro di recupero di antichi testi destinati ad esaltare santi locali o di cui le città campane si vantavano di possedere le reliquie; buona parte della produzione cassinese di questo periodo, tuttavia, è da ritenere frutto di committenze sia da parte di politici che di ecclesiastici locali, in altri casi sono esaltazioni di testi più antichi con il fine di promuovere il culto dei santi del passato.

Tuttavia è semplicistico e riduttivo ricondurre le edizioni agiografiche di esclusiva provenienza da Montecassino; un ruolo importante in questa produzione è stato svolto anche da altri monasteri campani, come quello di recente fondazione (per l'epoca) di Cava, o da agiografi locali. A costoro è stato accostato spesso il termine di "agiografia minore", volendo significare che i loro testi, spesso anonimi o incompleti e di datazione incerta, sono legati a studi

---

[23] Tra i vari *scriptoria* ricordiamo: Alberico di Montecassino, Giovanni da Gaeta, Leone d'Ostia, **Pietro Diacono**.

prevalentemente locali e di modesto valore letterario, i quali mostrano, tuttavia, di cercare strade autonome ed originali per raccontare dei propri santi.

Per comprendere il quadro devozionale in Campania nei secoli XI e XII è altresì necessario verificare in quale misura i Normanni abbiano esercitato influenza sui culti locali e sulla produzione agiografica.

I cronisti dell'epoca, interagendo con i nuovi dominatori, inseriscono nei loro documenti i temi ricorrenti nei testi agiografici, quali profezie, sogni, visioni, miracoli, laddove le interpretazioni storiografiche sono favorevoli ai Normanni[24].

Da parte dei Normanni, tuttavia, non si riscontra una loro particolare attenzione per i santi campani, se paragonata alle iniziative dei Longobardi e delle popolazioni romano-bizantine per l'importanza che rimettevano al possesso delle reliquie dei santi.

Se si vuole riscontrare un'attenzione normanna per le reliquie bisogna effettuare una ricerca fra quelle "autoctone" delle nuove contee, in cui sembra maggiormente percepita l'importanza del significato del possesso di un corpo del santo, che potesse favorire il rapporto e l'integrazione con le popolazioni locali.

Le relazioni con il potere politico non sono prive di descrizioni di riabilitazione di re Ruggero II in agiografie degne di nota del periodo,

---

[24] Nel racconto del monaco benedettino di origine normanna Goffredo Malaterra, *De rebus gestis Rogerii Calabriae et Siciliae comitis et Roberti Guiscardi ducis fratris eius*, nel narrare delle imprese normanne nel Mar Mediterraneo, con particolare attenzione per le spedizioni siciliane, racconta di San Giorgio il cavaliere che appare nel 1603 a Cerami in Sicilia ad incitare i Normanni di Ruggero I d'Altavilla. «Può essere assunta ad esempio la *Historia* di Amato di Montecassino: il soprannaturale scende decisamente in campo per salutare l'arrivo di Roberto il Guiscardo, incarnazione di un piano provvidenziale, destinato a grandi imprese e a fare i conti con la malvagità di chi lo aveva preceduto, che assume le fattezze del principe longobardo di Salerno Gisulfo II», tratto da: A. Galdi, *Santi, poteri, territori e uomini nella Campania medievale*, Serino, Laveglia, 2004, p. 23.

come quella del monaco San Giovanni da Matera nella parte finale della sua vita.

La produzione agiografica in ambito monastico-benedettino appare più significativa soprattutto nella descrizione dell'intima amicizia fra Guglielmo da Vercelli[25] e Ruggero II, il re normanno che nel 1130 aveva unificato le corone di Sicilia, di Calabria e delle Puglie. Quanto fosse leale e sincero il loro rapporto lo dimostrò il Santo che, sentendo vicina la conclusione della sua vita terrena, volle incontrare un'ultima volta Ruggero per prendere da lui commiato e consigliarlo affettuosamente riguardo il futuro operato nel suo regno.

---

[25] Guglielmo di Montevergine era nato a Vercelli nel 1085 da nobile famiglia. Divenuto monaco decise di recarsi in Palestina. Lungo il cammino si fermò in Irpinia dove fondò la Congregazione Benedettina di Montevergine avente caratteristiche cenobitiche. L'ideale di vita ascetica da lui proposto, sostanzialmente legato alla regola benedettina, faceva parte del movimento spirituale che cercava una regola più pura e dava maggiore spazio alla preghiera ed alla contemplazione. Morì a Goleto, in Irpinia, nel 1142.

CAPITOLO II

LA DIOCESI DI ARIANO NEL MEDIOEVO

2.1 Periodo precedente all'istituzione della diocesi di Ariano

Di Ariano non si può certamente stabilire l'epoca in cui la popolazione intera si sia convertita al Cristianesimo; certamente, dopo la storia dolente legata all'epoca delle persecuzioni e successivamente alla conversione dell'imperatore Costantino, si potrebbe affermare che anche Ariano ebbe la sua cattedrale di cui se ne ha notizia nelle "*relazioni beneventane*", nelle quali si legge che fu vescovo di Ariano san Liberatore[26], martirizzato al tempo di Diocleziano nell'anno 305, che sarà argomento di trattazione nei capitoli seguenti sulle agiografie dei santi patroni della città.

La serie dei vescovi di Ariano avrebbe inizio, dunque, con le vicende legate a san Liberatore (sant'Eleuterio, in greco), il cui corpo era in Benevento nella chiesa di Santa Sofia.

Nell'opera dei Bollandisti[27] viene trascritto su san Liberatore tutto ciò che Mario Vipera[28] aveva registrato nel suo catalogo; altra documentazione storica è un antico martirologio della chiesa beneventana di S. Sofia, scritto in carattere longobardo e conservato nella Biblioteca Vaticana con il n. 5949, nel quale si trova registrata

---

[26] E' menzionato nella cronotassi vescovile di Ariano redatta nel XVII secolo da Fabio Barberio: «*s. Liberator martyr fuit episcopus Ariani ex relatione à Beneventanis*».
[27] I Bollandisti (continuarono l'opera del loro confratello Jean Bolland, 1596-1665) erano studiosi gesuiti belgi impegnati nella monumentale pubblicazione degli *Acta Sanctorum*, ossia una raccolta di documenti e cronache relative ai santi, in cui si fa riferimento a san Liberatore.
[28] Mario Vipera, Arcidiacono del capitolo metropolitano di Benevento, *Chronologia episcoporum, et archiepiscoporum metropolitanae ecclesiae Beneventanae quorum extat memoria*, Palladis, Roma, 1764.

una memoria di san Liberatore Martire, con data 15 maggio, ma senza che venga fatto alcun cenno al vescovado[29].

Poiché mancano sia atti che documenti anche riferibili a vescovi successivi, né si rinvengono riferimenti storici specifici nella scarna documentazione che trattano del santo vescovo, è lecito che sorgano dubbi sul vescovado di Ariano già dal IV secolo. Tuttavia è una carenza comune a molte diocesi del Regno delle quali non si trova documentazione anteriore all'XI secolo, sia perché diversi vescovi venivano nominati direttamente dai capitoli, sia perché la documentazione storica presente negli archivi è andata distrutta a seguito di incendi o di terremoti.

Le valli del Miscano e dell'Ufita erano state da tempo dominate dal centro di *Æquum Tuticum*, la cui importanza non risiedeva nella

Figura 3 - Il nodo viario che attraversava *Aequum Tuticum* (elaborazione da wikipedia.org). Nell'immagine satellitare le tre strade romane principali sono integrate dalla *Via Aurelia Aeclanensis* [in giallo] e dalla *Via Aemilia* [in verde].

---
[29] T. Vitale, *Storia della Regia città di Ariano e della sua diocesi*, Salomoni, Roma, 1794.

grandezza urbana, quanto nell'essere un primario nodo viario che attraversava il territorio di Ariano (vedi fig.3).

Il sito ha avuto sicuramente una funzione preminente nella diffusione della nuova fede nelle zone interne; considerato che il cristianesimo giunse nella Campania attraverso Benevento, anche *Æquum Tuticum*[30], ubicato tra quella città ed *Aecae* (oggi Troia - FG), ha potuto ricevere l'annuncio del vangelo intorno al III-IV secolo.

D'altronde Benevento in quel periodo era già costituita in diocesi ed il sito era collegato direttamente con *Æclanum* che ha avuto come primo vescovo Giuliano (385-455 circa), per cui non appare alquanto ardito poter supporre che nel IV secolo presso la comunità cristiana di *Æquum Tuticum*, distante da quest'ultima circa 8 miglia, sia stata organizzata una diocesi con un suo vescovo, Liberatore appunto, che la tradizione costante ha tramandato come il primo episcopo arianese[31].

Da questo momento non vi è documentazione che faccia riferimento alla sussistenza di una diocesi o alla presenza di un vescovo ad Ariano fino a Mainardo nel 1070, come vedremo più avanti.

La conquista longobarda segna, comunque, la distruzione e l'abbandono lento ma graduale di questi antichi centri di fondovalle, come il sito di (s. Eleuterio) *Æquum Tuticum*, ed il conseguente

---

[30] Ariano (Irpino) uno dei centri demografici più importanti dell'Irpinia già dal Medioevo, si sviluppa su tre colli ad un'altitudine massima di m. 817 slm, situata sulla dorsale appenninica in posizione equidistante tra i golfi di Napoli e Manfredonia. Tali fattori naturali hanno contribuito allo sviluppo di una cittadina dalle caratteristiche urbanistiche tipiche degli incastellamenti medievali: arroccamento su alture, presenza di fortificazioni e di un *castrum* per la difesa del territorio. Il centro di **Æquum Tuticum**, distante pochi chilometri dal centro antico, rappresenta il vero **nodo viario** dell'Italia romana meridionale, attraversato dalla **Via Traiana**, che da Benevento attraverso *Aecae* (oggi Troia) conduceva a Brindisi, dalla **Via Aemilia**, che dalle valli dell'Ufita e del Calore portava a Luceria, dalla **Via Herculea**, che da Aufidena conduceva a Potenza, ed ancora dalla **Via Aurelia Aeclanensis**, che collegava la Traiana con l'Appia.

[31] D. Minelli, *La basilica cattedrale di Ariano Irpino*, LER, Ariano, 1992.

insediamento sulla sommità delle colline vicine, ritenute più sicure da eventuali attacchi esterni. L'abitato arianese nasce grosso modo tra la metà del VI e l'inizio del VII secolo, allorché le incertezze causate dalla guerra goto-bizantina accelerano il processo di decadenza, già in atto dalla fine dell'impero romano, di ciò che restava degli antichi stanziamenti di pianura, determinandone il progressivo spopolamento in favore dei siti di altura. Ariano sorse proprio così, per necessità difensive e per offrire protezione agli abitanti delle vallate circostanti, secondo una dinamica comune a molti centri del Mezzogiorno[32]. L'arroccamento con la presenza di un *castrum*[33] in posizione particolarmente difendibile, hanno suscitato continue attenzioni da parte dei Signori dell'epoca che si avvicendavano al governo del territorio, divenendo contea longobarda intorno al X secolo.

La prima documentazione storica riguardante la presenza di possedimenti ed edifici sacri nel territorio di Ariano, secondo la tradizione storiografica locale, risale ad un atto di donazione del 574, anno in cui il principe longobardo di Benevento, Pandolfo Capodiferro, offre al monastero di San Modesto tutti i possedimenti relativi alle chiese di San Benedetto e San Pietro, situate nel territorio arianese.

L'esistenza del borgo in età longobarda è altresì confermata in due *chartule oblationis,* di cui una databile intorno agli anni 777-796

---

[32] G. Coppola, *Il Castello medievale di Ariano Irpino*, in *Il Castello di Ariano* a cura di F. Zecchino, Ariano Irpino, CESN 2012.
[33] Si veda: E. Cuozzo, *Alle origini del castello, della città e della contea di Ariano*, in *Il Castello di Ariano* a cura di F. Zecchino, CESN, Ariano 2012. La prima attestazione del castello longobardo di Ariano è del marzo 892, come si riscontra da una pergamena scritta dal notaio Accone e conservata nella badia di Cava dei Tirreni, in cui viene dato atto della vendita di beni posseduti in Benevento da parte di un abitante del castello di Ariano, Teodemari, figlio del defunto Inghelprandi (*habitator intus castello Ariano*). La datazione riporta gli anni degli imperatori bizantini "*sexto anno imperii domini Leoni (VI) et Alexandri magni imperator, mense Martio, decima indictione*".

e riassunta nel "*Chronica monasterii Casinensis*" di Leone Ostiense, che fa riferimento ad un milite beneventano, tale Guacco, che dovendo partire per la guerra in corso tra il duca di Benevento Grimoaldo e Pipino re d'Italia, affidò all'abate di Montecassino il figlio Vachiperto e tutti i suoi beni, compreso un "*casalem in Ariano*"[34].

Ariano fu in gran parte distrutta dal terremoto del 25 ottobre 989, che colpì anche molti abitati della Campania come Frigento, Benevento e Conza[35].

Questa fu una delle cause per cui la documentazione storica pervenutaci appartiene in massima parte a fondi pergamenacei della diocesi di Ariano, di cui se ne sono conservate poche e non anteriori al secolo VIII, riportati in trasunto o in trascrizione nel volume miscellaneo compilato nel XVIII sec. intitolato "Cautele del Reverendo Capitolo di Ariano", conservati nel medesimo archivio diocesano, che coprono l'arco temporale dei secoli XIII-XVI. Molte pergamene, di quelle trasunte o trascritte, riguardano il Monastero di S. Michele Arcangelo, sito fuori le mura di Ariano *super ipsa Rebolta*, e sono conservate nel monastero di Santa Sofia di Benevento[36].

---

[34] "*Quidam etiam vir dives Guacco nomine Beneventanus gasteldus in expeditione obtulit in hoc sancto cenobio filium suum nomine Waccipertum cum rebus inferius designatis. Casalem in Trane ubi dicitur Cimilianum; casalem in Terranea;* **casalem in Ariano***...*"

[35] L. Esposito, *Ariano Sacra nei suoi antichi documenti*, in *Quei maledetti Normanni, studi offerti a Errico Cuozzo*, CESN - Centro Europeo Studi Normanni, Napoli, 2016, t. I, p. 402. I disastrosi effetti del terremoto per le zone dell'Irpinia e del beneventano sono narrati nella *Chronica monasteri Casinensis*, ed. Hofmann, p. 189: «... *ingens terremotus factus est tam in Capua quam in Benevento ... De Ariano et Frecento magnam partem destruxit. Compsanam civitatem prope mediam evertit, eisuque episcopum cum plurimis aliis occidit*».

[36] L. Esposito, *Ariano Sacra nei suoi antichi documenti*, op. cit., p. 403.

2.2 I presupposti urbanistici per l'istituzione della sede vescovile: la civitas, *il* castrum, *la cattedrale.*

Il tema relativo all'organizzazione territoriale ed alle istituzioni ecclesiastiche nel basso medioevo, è caratterizzato da un generale fenomeno che ha visto coinvolte in maniera significativa, oltre alle principali città del regno, anche i principali abitati delle contee, definiti *civitates*.

Analizzeremo, pertanto, i presupposti urbanistici su cui si basava la scelta dei Normanni, al che una *civitas* potesse divenire anche sede del potere politico e religioso: la contemporanea presenza del *castrum* e della cattedrale.

La Civitas

A partire dall'XI secolo Ariano viene definita *civitas* un termine che, nelle fonti medievali di età longobarda, veniva associato sia a piccole e modeste località, sia alle capitali dei principati longobardi, Benevento, Salerno e Capua, senza dunque assumere alcun significato istituzionale, ma indicando più semplicemente un *habitat* raccolto, in genere fortificato con mura e torri. Il passaggio di Ariano da *castellum* a *civitas* porterebbe a considerare la crescente importanza del ruolo strategico della città: conforta questa ipotesi il fatto che proprio nella seconda metà del X secolo la città diviene sede vescovile dotata di una cattedrale, edificio simbolo del potere religioso, con già un castello, simbolo del potere secolare. Emerge dai documenti l'immagine di una cittadina fortificata, prerogativa non comune a tutte le *civitas* in quanto l'edificazione muraria era di esclusiva prerogativa del sovrano, che, come altrove, era densamente popolata *intra muros* e si estendeva *foras muros* con alcune aree abitate che costituivano veri e propri borghi addossati alle mura[37]. Al di fuori delle porte si estendeva poi una vasta zona rurale articolata in *curtes*, casali e *loci* circondati da un capillare reticolo di vie vicinali, di cui troviamo menzione nelle *confinationes* dei documenti notarili dell'epoca.

Il Castrum

La contemporanea presenza di un castello e di una cattedrale corrispondeva pienamente alle strategie organizzative territoriali dei Normanni, di far coincidere la giurisdizione amministrativa dello Stato con la riorganizzazione religiosa, creando così una corrispondenza tra sedi comitali e sedi vescovili, di cui si è avuto modo di argomentare in precedenza.

Sebbene l'impianto iniziale sia longobardo e la configurazione attuale sia d'impronta aragonese, il Castello di Ariano è da sempre comunemente indicato come "normanno" perché nel tempo del dominio di costoro conobbe la sua stagione più fulgida. Nel corso della sua storia millenaria ha avuto un ruolo di primaria importanza per la popolazione di un vasto territorio: eccezionale baluardo difensivo, centro di potere e di irradiazione della vita civile ed economica.

Il castello, edificato sul colle più alto in una posizione strategica e di difficile accesso, dominava le valli dei fiumi Ufita, Miscano e Cervaro e controllava un vastissimo territorio, sorvegliando da un lato i territori beneventani e di Montefusco e dall'altro la piana di Camporeale e le gole pugliesi.

---

[37] Cfr. B. Figliuolo *Morfologia dell'insediamento nell'Italia meridionale in età normanna*, in «Studi Storici», F.I. Gramsci, Roma, 1991.

A partire dagli anni trenta i capi normanni iniziarono a stabilirsi in dimore fisse e fortificate, da cui prenderà avvio la conquista dei territori dell'Italia meridionale; se tradizionalmente si ritiene che la prima contea normanna sia stata quella di Aversa, assegnata nel 1030 a Rainulfo Drengot dal duca di Napoli Sergio IV, va ripercorsa l'ipotesi del prof. Errico Cuozzo, secondo il quale proprio Ariano sarebbe stata il centro della prima contea normanna nell'Italia meridionale, fondata dai cavalieri al seguito di Melo di Bari tra il 1017 ed il 1019, almeno dieci anni prima della nascita di quella di Aversa[38].

La Cattedrale

Dell'erezione della prima cattedrale, dei suoi costruttori, della sua forma e dimensioni, della sua intitolazione a Santa Maria Assunta, non abbiamo indicazioni documentarie precise, in quanto le notizie d'archivio risultano vaghe e frammentarie. Si riporta a proposito un'annotazione del vescovo Francesco Capezzuto (1838-1855) che sintetizza quanto innanzi: «…non è facile indicare in quale età sia stata costruita la chiesa, perché niente ci viene offerto dagli atti degli antichi annuali. Si sa soltanto che più volte distrutta dai terremoti, sempre fu riedificata a spese e per la sollecitudine dei piissimi vescovi del tempo».

La **diocesi** di Ariano, che venne affidata alla sede metropolitana

---

[38] E. Cuozzo, *Alle origini del castello, della città e della contea di Ariano*, in Il *Castello di Ariano* ed. CESN, op. cit., p. 134. "Per quanto riguarda le origini della contea possiamo contare sulla testimonianza di quattro documenti. Il primo documento, in lingua greca, è del 1019, ed è relativo alla città di Troia. Esso riguarda Ariano per via indiretta. Si tratta di un ἔγγραφον per gli abitanti di Troia del catepano Basilio Bojannes. Dopo aver ricostruito la città, popolandola con Normanni che dalla contea di Ariano erano passati dalla parte dell'imperatore bizantino, il catepano fu pregato dagli abitanti di delimitare il territorio della loro città. I Normanni, che dalla contea di Ariano andarono a popolare la città di Troia, erano quei cavalieri che avevano combattuto con Melo da Bari contro i Bizantini".

di Benevento, potrebbe essere il ripristino di un'antica diocesi di cui non abbiamo alcuna notizia o di quella che la tradizione storiografica arianese ritiene sia stata retta da san Liberatore.

Sarà stata edificata già prima del 969, nella stessa area in cui sorge l'attuale cattedrale, secondo i criteri urbanistici romani, al centro dell'abitato, rovinata poi dal terremoto del 988. Ci sono rimasti pochi reperti appartenenti alla cattedrale del X secolo, il più significativo è senz'altro il fonte battesimale legato alla presenza del vescovo Mainardo del 1070, di cui si avrà modo di trattare approfonditamente più avanti. Un dato certo è che la promozione di costruzione di nuove chiese o di riedificazione di quelle preesistenti da parte dei Normanni in Campania rispecchiavano forme semplici e tradizionali, ispirate allo schema basilicale con o senza transetto, con navate divise da colonnati e con o senza cripta.

La cattedrale di Ariano ha risentito fortemente di queste caratteristiche, proprie delle numerose chiese romaniche di tale periodo, presentando con esse molti elementi in comune, ritenendo plausibile che la sua attuale configurazione sia da ricondurre all'originaria riedificazione da parte dei Normanni. Il vescovo Filippo Tibadi nella relazione *ad limina* del 1725, scrivendo dell'origine della cattedrale annotò: «*...antiquitatem iuxta narrata repetit a primis Ecclesiae saeculis, sed magis certe a Normannis primis Regibus huius Regni, circa initium undecimi saeculi erecta...*».[39]

---

[39] Cfr. D. Minelli, *La basilica cattedrale di Ariano Irpino*, LER, Ariano, 1992.

2.3 Istituzione della diocesi di Ariano

L'intensificarsi dell'insediamento abitativo del tricolle, alla fine del X secolo, dette vita ad una vera e propria *civitas*, configurandosi anche come una possibile sede vescovile.

In occasione del sinodo tenutosi il **26 maggio 969** nella basilica vaticana alla presenza dell'imperatore Ottone I, del principe di Capua e Benevento Pandolfo I, detto Testa di Ferro, e del figlio di lui Landolfo, papa Giovanni XIII elesse la Chiesa beneventana al di sopra di tutte le altre chiese.

Il papa promosse Landolfo II ad arcivescovo e gli concesse l'uso del pallio[40] per la celebrazione delle messe nelle principali solennità del Signore, della Madonna, del Battista e degli apostoli Pietro e Paolo, di san Michele Arcangelo nonché nell'anniversario della sua consacrazione e della traslazione di san Bartolomeo.

A questi privilegi liturgici vi fu la concessione di altri privilegi giurisdizionali con l'elencazione dei vescovadi, la cui consacrazione veniva riservata all'arcivescovo di Benevento ed ai suoi successori.

Tra le varie diocesi che vennero attribuite in qualità di suffraganee all'arcidiocesi beneventana vi fu anche Ariano: *"... tribuentes insuper tibi cum eo potestatem et honorem archiepiscopatus, ita ut Fraternitas tua et successorum tuorum infra suam dioecesim in locis quibus olim fuerant semper in perpetuum episcopos consecret, qui vestrae subjaceant dictioni, scilicet, Santa Agatha, Abellino, Quintodecimo,* **Ariano***, Asculo, Bibinae, Vulturaria, Larino, Telesia, Alifis"*[41].

---

[40] Il pallio (derivato dal latino *pallium*, mantello di lana) è un'insegna liturgica d'onore e di giurisdizione, riservata al papa ed agli arcivescovi metropoliti. Un paramento liturgico usato nella Chiesa cattolica, costituito da una striscia di stoffa di lana bianca a forma di Y avvolta sulle spalle. Allora era segno distintivo degli arcivescovi metropoliti, come simbolo della giurisdizione in comunione con la Santa Sede.

[41] Da Ferdinando Ughelli, abate cistercense vissuto tra il 1596 e il 1670, autore di *"Italia Sacra"* in Archiepiscopatus Benev., tomo 8, col. 62.

Sulla porta bronzea del duomo beneventano, datata tra la fine del secolo XII e la prima metà del secolo XIII, sono incise le iconografie stilizzate del metropolita beneventano e dei ventiquattro vescovi delle diocesi suffraganee: nel pannello LXIII compare il vescovo di Ariano: l'iscrizione è posizionata su entrambi i lati del frontone e riporta l'incisione "EP(ISCOPU)S-ARIANI"[42].

La giurisdizione dell'arcivescovo di Benevento, forse anche perché legata all'omonimo principato longobardo, si estese progressivamente sia per l'aumento delle diocesi suffraganee (raggiunse successivamente il numero massimo di 32 suffraganee), sia per l'allargamento del territorio: a nord fino a Termoli, ad est Lucera e Troia, a sud Ariano e Conza.

L'inizio della diocesi di Ariano, quindi, almeno per quanto riguarda la documentazione storica pervenutaci, è segnato dall'istituzione di Benevento quale sede metropolitana; tuttavia poiché il primo documento che attesta l'esistenza della sede vescovile risale al 969, essendo citata quale suffraganea di Benevento, appare ovvio che la diocesi arianese fosse preesistente all'istituzione dell'arcivescovado beneventano. La diocesi fu eretta nel sec. X, in concomitanza con l'accresciuta importanza politico-strategica della città, per arrestare anche nel campo religioso la minaccia che veniva dalla vicina Puglia bizantina. Nei primi tempi del periodo longobardo Ariano fu segnata da burrascose vicende politico-religiose, con la cancellazione di circa novanta chiese locali e devastazioni a cui si aggiunsero i terremoti e l'incuria degli uomini che hanno cancellato i ricordi e le tracce delle origini della nostra diocesi. Dalle Platee, dalle Visite pastorali del sec.

---

[42] L. Esposito, *Ariano Sacra nei suoi antichi documenti,* op. cit., p. 405.

XVI e dalle *Relationes ad limina* risulta costante l'elenco dei paesi che il vescovo visitava: Ariano, Bonito, Buonalbergo, Casalbore, Castelfranco, Corsano, Ginestra, Melito, Montefalcone, Monteleone, Montemalo (Sant'Arcangelo Trimonte), Polcarino (Villanova del Battista), Roseto e Zungoli.

2.4 I vescovi

Tra la fine del X secolo e il primo decennio del XIV secolo sono elencabili, secondo vari studi, trentasei vescovi, diciannove dei quali ben documentati. Di costoro alcuni certamente locali, come Ruggero *de Vetro* (1290-1291) e Raone (1291-1307), mentre altri provenivano da territori viciniori, come il vescovo Giovanni (1117-?) da San Vincenzo al Volturno. Di alcuni si conosce soltanto l'iniziale del loro nome[43].

Mancando, però, i documenti dei vescovi arianesi anteriori (dal 969 - istituzione della diocesi suffraganea di Benevento), dobbiamo fare riferimento al primo vescovo conosciuto di Ariano ossia **Bonifacio**: il suo nome appare in un diploma del mese di agosto 1039, mentre altrove si riscontrano solo citazioni legate alla sua presenza[44], né di questi se ne rileva documentazione nell'opera di Ughelli[45], che nella cronotassi dei vescovi arianesi il primo in ordine cronologico di cui ci riferisce è **Mainardo** (1070).

---

[43] L. Esposito, *Ariano Sacra nei suoi antichi documenti,* op. cit.. Sono presenti due periodi durante i quali è probabile che la sede episcopale sia stata vacante, nonostante nel primo periodo (1016) sia attestato tale Pietro, con funzione di *rector* della sede vescovile, e nel secondo periodo (1272-1273) sia stato eletto vescovo dal Capitolo cattedrale l'abate titolare del medesimo monastero di Apice (BN), la cui elezione, però, non fu mai stata confermata dall'arcivescovo di Benevento allora in carica, *Capuferrus*.

[44] Tra le varie citazioni: "Bonifacio, Vescovo Ariano de' Borgognoni". Vedi: C. Fleury, *Storia Ecclesiastica*, ed. Antonio Cerrone, Napoli, 1743, tomo V.

[45] F. Ughelli, *Italia Sacra sive de Episcopis Italiae*, Sebastianum Coleti, Venezia, 1721.

È dal secolo XI che comincia, con Mainardo, la serie ininterrotta dei vescovi sorretta da documenti inconfutabili. Una testimonianza legata a Mainardo è l'antica epigrafe scolpita in versi latini e a caratteri longobardi su una vasca in pietra (vedi figura 4) che un tempo veniva usata per il battesimo che si praticava per immersione dei battezzandi. Il fonte venne trasportato dall'antico battistero di Sant'Ermolao dal vescovo Mainardo; sulla parete della vasca battesimale che riporta la data del 1070, conservata nella cattedrale di Ariano, è inciso:

> "*HOS FONTES SACROS HUC AD BAPTISMATIS USUS, HUIC PRAESUL SANCTAE MAINARDUS CONTULIT AULAE, PICTAVIS NATUS CLARISQUE PARENTIS ORTUS, MARTIRIS HERMOLAI DUCENS EX AEDIBUS ALMI, NOBILIUM STUDIO SIBI SUBVENIENTE BENIGNO, QUI QUASI MORE BOVUM MITTENTES SUB IUGO COLLUM, HOS TRAXERENE FONTES SUB AMORE MARIAE. A.D. 1070*".[46]

Figura 4 - **Fonte battesimale della vecchia cattedrale, sec. X. Fonte propria**

---

[46] "Questo sacro fonte qui per la pratica del battesimo a questa sacra aula fece trasferire il Vescovo Mainardo, nato a Poitiers, discendente da illustri genitori, portandolo dalla chiesa dell'almo martire Ermolao soccorrendolo l'impegno pietoso di nobili cittadini che sottoponendo il collo sotto i gioghi quasi a mo' di buoi trascinarono questo ponte sotto l'amore della nostra Maria. Nell'anno del Signore 1070".

Questo vescovo è stato ritenuto erroneamente di origini padovane e non di Poitiers, forse per l'errata trascrizione di quanto riportato sul fonte battesimale da parte dell'Ughelli nel Tomo VIII nella sua *Italia Sacra*. Difatti sul fonte leggiamo "***Pictavis** natus clarisq(ue) parentis ortus*" mentre l'Ughelli ha trascritto "***Patavii** natus*... *Patria Patavinus*". Cfr.: F. Dondi (Vescovo di Trimiti), *Dissertazione Terza sopra l'istoria ecclesiastica di Padova*, 1807, Padova.

La traslazione del fonte battesimale era una pratica dell'epoca, nell'uso e reimpiego di materiale di spoliazione per ornare gli edifici di culto cristiani o anche di abitazioni. Il rito del battesimo, inoltre, si configurava come occasione di partecipazione comunitaria nelle sue componenti materiali, simboliche e istituzionali, per cui solo alle chiese vescovili e battesimali era demandato l'uso del fonte battesimale. In Ariano la consuetudine di un unico fonte battesimale perdurò addirittura fino ai secc. XVII – XVIII.[47]

Secondo il Barberio[48] Mainardo fu anche Cardinale creato da papa Gregorio VII. Intervenne alla consacrazione fatta dal pontefice Alessandro II della basilica di S. Benedetto a Montecassino il I ottobre 1071, come è documentato nel *Codex Casinensis* n. 47. Dalla documentazione ne risulta che per il periodo normanno il vescovo più longevo fu proprio *Maynardus* dall'ottobre 1069 al novembre 1080. Nel 1074 fu a Roma, dove prese parte al sinodo indetto da Gregorio VII, che ratificò la scomunica a Roberto il Guiscardo, di cui si è avuto modo di trattare nelle pagine precedenti. Mainardo assume valenza storica anche per altri fatti, come da una dichiarazione che lo stesso rese a favore del Monastero beneventano di Santa Sofia, in cui confessa di aver riscosso ingiustamente, "tanto egli quanto i suoi predecessori", *insolita servitia et xenia* (insoliti contributi e regali) dai Rettori di Sant'Angelo che invece spettavano al Monastero di Santa Sofia. Tale documento attesta, quindi, l'effettiva presenza di altri vescovi presso la diocesi di Ariano prima di Mainardo.

Al Mainardo successe un altro vescovo (vedi figura 5) di chiaro nome

---

[47] T. Vitale, *Storia di Ariano*, op. cit., p. 244. Del resto fu a partire dal Concilio di Trento (1545-1563) che si incoraggiò la diffusione dei fonti battesimali a discapito dei capitoli cattedrali.

[48] F. Barberio, *Catalogus episcoporum Ariani*, a cura di S. Scapati, Ass.ne P. Ciccone, Ariano, 2006.

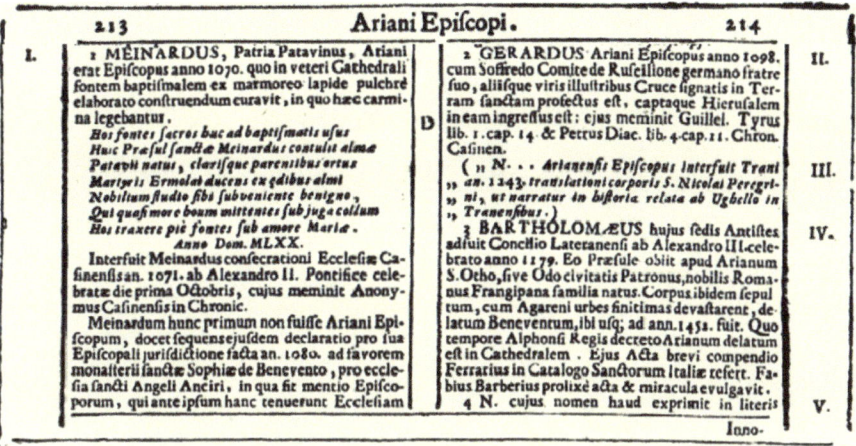

Figura 5 - F. Ughelli, *Italia Sacra*, Venezia, 1721, p. 212 - *Ariani Episcopi*

normanno, **Gerardo**, consacrato verso il 1098, fratello di Goffredo conte di Roussillon, con il quale partecipò insieme ad altri Signori Crociati alla conquista della Terra Santa (1095)[49].

Nella tabella che segue si riporta la cronotassi dei vescovi di Ariano; varie fonti arricchiscono l'elenco dei vescovi sulla base di vari documenti ed elementi che sicuramente determinano validi presupposti circa l'effettività della loro presenza alla guida della diocesi nel periodo di riferimento. Tuttavia in tale elenco ci rifacciamo a quello ufficiale della diocesi che figura nel link ad esso dedicato (www2.diocesiarianolacedonia.it/cronotassi), con alcune annotazioni storiche riferite loro.

Nella "*Italia Sacra sive de Episcopis Italiae*" dell'Ughelli non compare il vescovo **Sarulo**, quale successore di Maynardus, probabilmente perché l'autore avrà potuto leggere le annotazioni agli

---

[49] «[...] *cum esset in expeditione una cum patruo suo comite Roggerio in partes Campanie..., cruces inde in vesti bus fecit et simul omnes "Deos lo volt" inclamare magnis vocibus iussit. Perrexerunt autem cum eo capitanei hi:* [...] *Goffridus comes Ruscilione et episcopus, et Girardus frater eisu episcopus de Ariano* [...]». Cfr. E. Gattola, *Historia abbatiae Cassinensis,* apud Sebastianum Coleti, Venezia, 1733, p. 191.

"Atti della Traslazione del corpo di san Niccolò di Myra" (poi di Bari)[50].

Tabella 1: Elenco dei vescovi di Ariano desunti dalla cronotassi della diocesi

	VESCOVO	ARCO CRONOLOGICO	FONTE	CITAZIONE
1	**Bonifacio**	1039		
2	**Mainardo**	1069-1080	F. Ughelli	***Meinardus***, *patria patavinus, Ariani erat Episcopus anno 1070*
3	**Sarulo**	1091-1096	T. Vitale	Nelle memorie istoriche di Benevento [Miracoli di S. Niccolò di Mira], dai quali atti apparisce, che andò in essa città il Conte di Ariano Eriberto ed il vescovo **Sarulo** con tutto il clero.
4	**Gerardo**	1098	F. Ughelli	***Gerardus*** *Ariani Episcopus anno 1098 cum Goffredo Comite de Ruscilone germano fratre suo, aliisque viris illustri bus Cruce signatis in Terram Sanctam profectus est.*
5	**Urso**	1102-1117		
6	**Riccardo**	1134		
7	**Guglielmo**	1164		
8	**Bartolomeo**	1170	F. Ughelli	***Bartholomaeus*** *huius fedis Antistes adfuit Concilio Lateranensi ab Alexandro III celebrato anno 1179.*
9	**Anonimo**	1194-1198		
10	**Anonimo**	1215-1216	T. Vitale	Al tempo di Innocenzo III fu Vescovo di Ariano uno, di cui s'ignora il nome. A questo trovasi indirizzata da detto Pontefice la lettera di delegazione per esaminar, se legitima, e canonica fosse stata l'elezione dell'Abate del Monastero SS. Salvatore di Telese.
11	**Anonimo**	1236		
12	**Mainardo II**	1238	F. Ughelli	***Meinardus*** *huius nominis fecundus, sub Gregorio IX. Insulam Arianam accepit regendam circa annum Domini 1238.*
13	**Ruggiero**	1247-1248	F. Ughelli	***Rogerius*** *florebat Ariani Episcopus anno 1247 eius unicam memoriam ad posteros perennavit documentum Abbatiae Montis Virginis celeberrimae, in quo Rogerius testis fuit, seque subscripsit in haec verba.*
14	**Riccardo**	1250-1254		
15	**Giacomo**	1256		
16	**Pellegrino**	1264-1267	F. Ughelli	***Peregrinus*** *vixit anno 1277*

Fonte: elaborazione propria

---

[50] Nelle annotazioni viene dato atto che "*Chiuse il Secolo XI la felice traslazione del Sacro Corpo o almeno della maggior parte, di S. Niccolò Vescovo di Mira trasportato a Venezia e collocato nel nobile Monastero di San Niccolò del Lido a suo onore edificato*" a cui segue l'elenco dei nominativi che "rapportano" per esteso di questa traslazione non effettuata dai veneziani prima del 1101, quindi incompatibile con il periodo della reggenza di **Sarulo** ad Ariano. Cfr. T. Vitale, *Storia della Regia città di Ariano e della sua diocesi*, op. cit.. Infatti "nelle *Memorie istoriche di Benevento* è trascritto in alcuni atti de' Miracoli di san Niccolò di Mira, seguiti in Benevento verso la fine del secolo XI, dai quali atti risulta anche la presenza del Conte di Ariano Eriberto e del vescovo Sarulo con tutto il clero". La storia ci riferisce altro: metà dello scheletro del santo venne traslato a Bari il 9 maggio 1087 a seguito di una spedizione di 62 marinai baresi.

2.5 La diocesi di Ariano e l'influenza di Ruggero II il Normanno.

La storia della conquista normanna nell'Italia meridionale è tutta costellata di assedi, di espugnazioni di città, di accordi violati: le città avevano più o meno tutte una posizione strategicamente rilevante nel sistema delle comunicazioni stradali tra le varie regioni. Gli antichi insediamenti, italici, greci, romani, fissati in siti attentamente scelti in origine, erano diventati nel corso dei secoli punti di convergenza e centri di irradiazione culturale ed economica per le aree circostanti.

Anche l'Irpinia, il cui paesaggio era costellato da centri fortificati, fu interessata dai processi di incastellamento, cioè dalla concentrazione dell'habitat e della popolazione contadina all'interno di nuovi centri di popolamento (*castella* o *castra*) che per un complesso di fattori, non ultime le incursioni saracene, riguardarono tra i secoli X-XII l'Italia centro meridionale[51]. Ariano rispondeva a tutti i requisiti appena accennati per cui fu oggetto di particolari attenzioni da parte dei Normanni, *in primis* per la sua posizione strategica, non a caso, come abbiamo visto, fu la prima contea del loro Regno, e poi per la presenza del *castrum* che fu oggetto di fortificazioni fin dai Longobardi, che lo eressero, ai Normanni, ed infine agli Aragonesi[52].

Abbiamo visto che i Normanni interagivano con gli enti religiosi per completare e radicalizzare il loro potere, collocando loro membri nelle sedi vescovili o finanche favorendo l'insediamento di vescovi discendenti di estrazione normanna. Ariano non poteva restare estranea a questo innovativo processo politico, come si può evincere dalla tabella seguente in cui è riportato il parallelismo tra i conti

---

[51] A. Galdi, *Santi poteri e uomini nell'Italia meridionale*, op. cit., pag 101.
[52] F. Zecchino, *Il Castello di Ariano*, a cura di F. Zecchino, Ariano Irpino, CESN 2012.

normanni e i vescovi di Ariano dell'epoca:

Conti	Periodo	Vescovi	Periodo
UBBERTO	ante 1047		
GERARDO	1047-1086	MAINARDO	1069-1080
ERIBERTO	1086-1102	SARULO	1091-1096
		GERARDO	1098
GIORDANO	1102-1127	URSO	1102-1117
RUGGERO	1127-1139	RICCARDO	1134

Dopo articolate vicende storiche[53] Ruggero II, divenuto il Signore incontrastato dell'Italia meridionale, nel mese di settembre del 1140 convocò in Ariano la prima grande Assemblea generale dove promulgò le prime leggi generali per l'intero regno, note come Assise di Ariano[54].

---

[53] Nel 1130 il Regno normanno dell'Italia meridionale si unificò sotto il dominio di Ruggero II d'Altavilla che vide la ribellione dell'omonimo conte di Ariano Ruggero, figlio di Giordano. Nove anni dopo il re, alla testa di un potente esercito, tentò la conquista della contea ribelle, ma dopo un lungo assedio dovette desistere per l'inespugnabilità del castello e delle mura della città. Nel corso della ritirata si abbandonò ad una rabbiosa distruzione delle coltivazioni, dei vigneti e uliveti della campagna circostante. Solo un anno più tardi (1140) il re riuscì a sconfiggere la coalizione antimonarchica, non infeudando Ariano, ma dichiarandola città regia.

[54] Cfr. O. Zecchino, *Le Assise di Ariano*, Cava dei Tirreni, Di Mauro, 1984. I testi delle 'Assise' che ci sono stati tramandati sono stati rinvenuti in due manoscritti: Vat. Lat. 8782 e Cassinese 468. Il primo rinvenuto da G. Merkel nella biblioteca vaticana (1844), l'altro da G. Carcani nell'archivio di Montecassino (1786).
Cfr. "Federiciana" in enc. Treccani di O. Zecchino. L'espressione **'Assise di Ariano'** individua il nucleo originario di un complesso di norme dettate da Ruggero II, verosimilmente nel corso di un'assemblea di vassalli tenuta nel 1140 in Ariano, che incidono anche sulla politica religiosa del periodo. Esse costituiscono un *corpus* normativo promanante dall'autorità regia e vincolante per tutti i soggetti liberi, comunque dimoranti nel Regno. Costituiscono il nucleo da cui si è sviluppato il diritto che per circa sette secoli ha regolato la vita del Mezzogiorno d'Italia. Sotto tale profilo deve anzi convenirsi che le più famose Costituzioni di Melfi emanate quasi un secolo dopo da Federico II, sono in gran parte un loro sviluppo. Alla vigilia della redazione del codice impartì, infatti, un ordine ai giustizieri affinché individuassero ciascuno quattro *"boni homines qui sciant assisas regis Rogerii avi nostri"* al fine di verificarne l'effettività nella realtà viva del Regno e ricostruirle nei testi originari. Le Assise infine hanno rilievo perché costituiscono una sorta di manifesto della società meridionale del tempo, osservata non solo dal punto di vista istituzionale ma anche da quello del vivere quotidiano.

Quello che ci preme rimarcare sulle 'Assise' è che per quanto possano apparire aride, se rapportate ad un concetto astratto che è proprio dei documenti contenenti disposizioni legislative, esse costituiscono un importante manifesto per la conoscenza delle condizioni politiche e sociali del Regno. Dal punto di vista giuridico, per gli argomenti fin qui trattati, vale la pena soffermarsi sui contenuti che portavano alla risoluzione di diverse questioni tanto di natura civile quanto **di natura ecclesiastica**.

Le Assise, che più direttamente riguardavano questioni ecclesiastiche, tendevano generalmente ad esaltare il ruolo del re quale protettore della Chiesa cristiana, rappresentando «sul piano esterno, il progressivo ma deciso affermarsi della sovranità insieme al persistere della soggezione vassallatica alla Chiesa»[55].

Nella II assisa del Vat. Lat, *"De privilegio sanctarum ecclesiarum"*, difatti, così veniva decretato: «*Itque sacrarum ecclesiarum res omnes et possessiones in nostra post deum et sanctos eius custodia collocatas atque commisas ab omnibus incursibus malignatium, gladio materiali nobis a deo concessas defendimus et inviolatas custodimus...*»[56].

Non mancano, comunque, ordinamenti che salvaguardano specifiche tematiche cristiane, come il divieto della vendita di sacre reliquie (V assisa), sui sacrilegi, sul sacerdozio, sull'adulterio, sul matrimonio con l'obbligo per gli sposi di "chiedere il favore e la grazia di Dio da confermare attraverso il ministero dei sacerdoti" (XXVI assisa) o di

---

[55] O. Zecchino, *Le Assise di Ariano*, op. cit. p. 10.
[56] «Pertanto difendiamo e custodiamo inviolati da ogni malvagia aggressione, con la spada materiale concessaci da Dio, tutti i beni e i possedimenti delle sacre chiese, sottoposti e affidati, dopo che a Dio e ai suoi Santi, alla nostra protezione ...». O. Zecchino, *Le Assise di Ariano*, op. cit. p. 27.

salvaguardia delle autorità religiose, decretando sui privilegi dei vescovi o il "divieto di violare i privilegi ecclesiastici" (VIII e VII assisa).

Tuttavia il re poteva sempre decidere diversamente e contro queste decisioni non era ammesso appello alcuno, neanche al Papa. Ogni aspetto del cerimoniale di corte tendeva a enfatizzare che l'autorità regia era derivata direttamente da Dio, secondo il modello bizantino, e non per investitura feudale dal papa (che era poi la modalità con cui Ruggero era stato creato re dall'antipapa Anacleto II)[57]. Ciò naturalmente non venne accolto favorevolmente a Roma e originò in seguito aspri scontri con il Papato.

Non soffermandoci nell'illustrazione della storia di Ariano degli anni seguenti con annotazione di particolari, per completezza di storicizzazione del periodo oggetto di indagine, appare doveroso ripercorrere a grandi linee gli ultimi anni del dominio normanno dopo Ruggero II e sull'epilogo della dinastia dei Normanni, che tanto profondamente hanno inciso sullo sviluppo di Ariano, concedendole credito in un periodo cui era sottile il confine tra il prevalere come nobile *civitas* e *diocesis* o restare nell'ombra come altri anonimi abitati medievali; periodo che ha segnato il passaggio dall'età normanna all'età sveva (1194) per motivi legati alla successione dinastica.

Dopo la morte di Guglielmo II (1186), nipote del fondatore della monarchia, la successione si avviò in una dura contesa tra una fazione

---

[57] Si erano create all'interno della chiesa due diverse fazioni, una filo-imperiale, l'altra filo-normanna. Si tennero due conclavi separati, il primo con 16 cardinali riuniti sul Laterano elesse papa Gregorio Papareschi col nome di Innocenzo II, il secondo gruppo invece si orientò per Pietro di Leone che prese il nome di Anacleto II. Quest'ultimo, ben sapendo di essere debole, scese nel meridione per incontrare Ruggero II, cosa che avvenne nel 1130 ad Avellino. L'accordo raggiunto fu il seguente: Anacleto riconosceva il regno compresa la Sicilia.

normanna capeggiata da Tancredi di Lecce (nipote diretto di Ruggero II) ed una fazione sveva capeggiata da Enrico VI, marito di Costanza d'Altavilla, ultima figlia di Ruggero II.

Ariano, ancora filo-papale, non accettò il dominio dei nuovi signori e continuò una politica antisveva condotta sino a tutto il XIII secolo. Alla morte di Federico II (1250) Ariano non esitò a dichiararsi sotto la sovranità della Chiesa, reggendosi sempre in maniera indipendente. Nel Regno, tuttavia, diviene sempre più forte la figura di Manfredi, figlio di Federico II, e la notte del 5 aprile 1255, le truppe del principe svevo assalgono Ariano abbandonandosi a distruzioni e massacri. Successivamente papa Urbano VI richiama in Francia dalla Terra Santa Carlo I d'Angiò, e nella Basilica di Roma dell'anno 1264 lo nomina re di Sicilia e di Napoli. Nel 1266, nella famosa battaglia di Benevento, Carlo d'Angiò ha la meglio su Manfredi. Il 7 giugno dell'anno 1269, il nuovo re visita Ariano e, mosso a pietà per l'eccidio commesso, ricostruisce la città, facendole **dono di due spine** della corona di Cristo, gelosamente custodite presso il Museo degli Argenti della Cattedrale.

2.6 Le strutture ecclesiastiche

Un'analisi delle strutture ecclesiastiche di Ariano richiede necessariamente una loro periodizzazione, trattando da una parte quelle di cui ci sono pervenute notizie e documenti o tutt'al più alcuni relitti a testimonianza della loro consistenza ed ubicazione databili nei secc. X-XIII, e dall'altra le strutture salienti al basso medioevo-rinascimento che sono pervenute fino ai giorni nostri, grazie agli interventi di restauro, consolidamento e risanamento conservativo ripetutisi nel corso dei secoli. Di queste ultime, oltre alla cattedrale, mi limiterò a trattare delle strutture più significative, ossia le tre chiese collegiate a tutt'oggi ancora attive, che si presentano in massima parte ristrutturate.

Le strutture dei secc. X-XIII

Delle strutture ecclesiastiche relative al periodo oggetto di osservazione è documentata la presenza di un consistente numero di luoghi di culto nella città di Ariano, siano esse chiese ovvero monasteri, a conferma dell'impegno politico nel territorio da parte dei Normanni e l'interesse per una rinnovata attività edificatoria proprio dei luoghi di culto durante questo periodo.

Purtroppo delle chiese e dei monasteri dell'epoca ci sono pervenuti documenti indiretti che confermano la loro presenza in sito e che gli studiosi locali o cultori di scritti antichi rinviano all'analisi di fondi pergamenacei, il più delle volte legati a documenti notarili di donazione a favore di un ente o di una determinata chiesa o monastero. Nel corso del secolo XI sono documentate un consistente numero di chiese (qui appresso se ne riportano alcune di esse) di cui ormai si è persa qualsiasi traccia, a conferma della spinta edificatoria evolutasi nel corso di tale periodo, tanto su iniziativa della stessa Chiesa, quanto da parte dei conti normanni della città o ancora promanante da motivi di devozione privata: S. Giacomo apostolo e della SS. Trinità, S. Simeone, S. Giorgio (1024), S. Nicola (1052), S. Barbato (1060), S. Lucia (1069-1134). Nel XII secolo sono menzionate le chiese di S. Gregorio (1102), S. Marciano, S. Pietro, S. Cassiano (1112), S. Maria e S. Marco (1136), S. Giorgio (1167) S. Maria Maddalena (1197)[58]. Accanto alle numerose chiese elencate sono documentati diversi monasteri: Sant'Andrea apostolo, San Benedetto, Santa Maria della Ferrara, Sant'Angelo, San Bernardo (abitato dai Cistercensi), San Francesco, Sant'Agostino, San Domenico e dei Cappuccini.

Il monastero di San Benedetto era ubicato nel quartiere detto La Strada. Dalla lettura dell'opera citata di T. Vitale pubblicata nel 1794, se ne deduce che esso fosse ancora operante in tale periodo: «Oltre all'Altar maggiore vi sono due Cappelle dedicata una a Santa Maria di Monte Vergine, l'altra a i SS. Benedetto e Gugliemo. Il Monastero è governato da un Priore il quale presiede ad altri pochi religiosi»[59].

Il monastero di Sant'Angelo era situato fuori le mura di Ariano, ma a ridosso delle stesse; inizialmente denominato di "San Michele Arcangelo e di Sant'Eustachio", è attestato nei documenti già dal 948 ed era sottoposto a quello di Santa Sofia di Benevento. La particolarità che emerge dai documenti (*chartule donationis*) che si riferiscono a questo monastero riguarda i numerosi possedimenti che l'arricchiscono grazie alla politica favorevole dei Normanni[60].

---

[58] L. Esposito, *Ariano Sacra nei suoi antichi documenti*, op. cit. p. 414.
[59] T. Vitale, *Storia della Regia Città di Ariano e sua diocesi*, op. cit. p. 270.
[60] L. Esposito, *Ariano Sacra nei suoi antichi documenti*, op. cit. p. 419.

Il monastero con la chiesa dedicata a San Francesco (vedi figura 6), siti nel centro della città, sono pervenuti quasi ai giorni nostri. La sua costruzione si fa risalire all'indomani della morte del santo di Assisi avvenuta nel 1247 in onore della sua santità ed a ricordo della sua visita fatta alla nostra città, dimorando per qualche tempo all'ospedale curando gli infermi.

Figura 6 - Chiesa e Convento di S. Francesco (a destra). Fonte: Cartolina 1940

Nel 1867 gli ultimi conventuali che dimoravano presso il monastero (24 frati) «furono espulsi per legge di soppressione ed il convento passò ad essere caserma dei soldati» [61]. La chiesa venne demolita a seguito del sisma del 1980; sul sito è stato ricostruito un "Centro di attività pastorale per la gioventù".

Il monastero con la chiesa di San Domenico sono documentati già a far data dal 1458 in una bolla papale, poi convertito in carcere giudiziario nel 1814 per decreto di Gioacchino Murat[62]. L'intero complesso è stato demolito a seguito del sisma del 1962.

---

[61] N. Flammia, *Storia della Città di Ariano*, Marino, Ariano, 1893, p. 153.
[62] N. Flammia, *Storia della Città di Ariano*, p. 154.

La Cattedrale di Ariano

Il Duomo è dedicato all'Assunzione di Maria Santissima. Sembrerebbe che sul sito ove attualmente è ubicata la Cattedrale sorgesse precedentemente un tempio dedicato ad Apollo, ne sarebbe prova la testa di Apollo conservata nel Museo Civico, rinvenuta durante gli scavi effettuati nel 1955 nei pressi della Cattedrale[63].

Attestazioni sul primitivo complesso della cattedrale sono andate perdute, probabilmente a causa del terremoto fortemente distruttivo che colpì l'Irpinia nel 988, per cui la sua storia non può che intrecciarsi con quella dei suoi vescovi.

Fu riattata in breve tempo, visto che ospitò la cattedra del vescovo Mainardo (1069-1080), ma di essa ci sono pervenuti solo alcuni relitti: il fonte battesimale, due colonne e due capitelli in stile corinzio.

Rimase in piedi fino al 1255 quando le milizie di Manfredi, entrate proditoriamente in Ariano, la distrussero completamente con tutta la città. Il re Carlo I d'Angiò ne intraprese la ricostruzione terminata nel 1309.

Nei secoli a seguire sono documentate ripetute distruzioni a causa di terremoti nonché riedificazioni ad opera dei vescovi del tempo: 1349, 1456 (vescovo Orso Leone de' Leone), 1702, 1732 (vescovo Filippo Tipaldi). La facciata è in stile romanico a capanna (vedi figura 7) fatta costruire nel 1500 ed è in pietra arenacea verde di Roseto. Di questo periodo sono i tre portali architravati e nicchie superiori con le statue di Sant'Ottone e Sant'Elzeario.

---

[63] Sui tre colli dovevano sorgere due tempi: uno dedicato ad Apollo l'altro a Giano, al quale alcuni studiosi attribuiscono l'origine del nome Ariano (*Ara – Iani*). Il riferimento a Giano appare anche in alcuni versi di Federico II che irridevano alla presunta inespugnabilità di Ariano, per la sua posizione filo-papale ed antisveva: «O città altare del dio Giano, tu che sei stata parte del nostro demanio, ora che sei diventata nemica, hai rifiutato i nostri mandati». Cfr. F. Zecchino, *Il Castello di Ariano*, p. 10.

In mezzo alla facciata ci sono quattro iscrizioni di cui una si riferisce a Nicola D'Hippolitis: "*Quas tibi dat praesul Nicolaus suscipe valvas Virgo benigna, sibi ut deleantur crimina cuncta. Nicolaus Hippolitus Episcopus Arianesis fundavit 1502*".

Figura 7 - La Cattedrale di Ariano come appare oggi

L'interno è a tre navate, classica pianta a croce latina. Le tre navate dell'edificio sono sormontate da volte a crociera che ospitano, in ricche cornici di stucco, le tele raffiguranti i Dodici Apostoli di Saverio Persico (1748-1754). Entrando sulla sinistra si trova il Battistero, con una vasca in marmo bianco (inizio del XVII secolo) sormontata da un arco (1585); nell'abside, sul frontone del coro ligneo (XVI secolo) di fra Tommaso da Vasto, si ammira la tela dell'Assunzione di Maria Vergine al cielo (1745) di anonimo romano; in fondo alla navata la cappella di sant'Ottone con la statua (1618) del santo.

Le chiese collegiate: San Michele Arcangelo, San Pietro alla Guardia, San Giovanni della Valle.

La chiesa di San Michele Arcangelo (collegiata soppressa – vedi figura 8) è la più antica, "trovasi nominata in una Bolla di Gregorio VII del 1084 per averne confermata l'unione di essa con altri benefici al Monastero di S. Sofia di Benevento"[64]. Anticamente si presentava a tre navate che si ridussero ad una, dopo il restauro fatto eseguire in seguito al terremoto del 1732 dal vescovo Tipaldi. All'interno si conservava il seggio abbaziale in pietra calcarea datato 1564, recentemente trasferito alla cattedrale. «Il vescovo un tempo, quando faceva il primo ingresso, doveva andare là. I canonici gli facevano le spese per tre giorni [e poi] nel suo primo ingresso va in cattedrale»[65].

Figura 8 - La chiesa di San Michele Arcangelo come si presenta oggi

---

[64] T. Vitale, *Storia della Regia Città di Ariano e sua diocesi*, p. 208.
[65] N. Flammia, *Storia della Città di Ariano*, Marino, Ariano, 1893.

La chiesa di San Pietro alla Guardia (collegiata soppressa – vedi figura 9), in stile semigotico a tre navate, datata 1458 come si può rilevare dalle iscrizioni riportate sull'architrave di uno dei suoi portali, realizzati dal *magister Bernillus* di Cava.

Figura 9 - La chiesa di San Pietro alla Guardia come si presenta oggi

La chiesa di San Giovanni alla Valle eretta collegiata (vedi figura 10), ora soppressa, da papa Clemente XI con propria bolla datata 30 aprile 1715. La struttura risale al XVIII secolo sebbene la facciata presenti un portale del XIII secolo.

Figura 10 - La chiesa di San Giovanni alla Valle come si presenta oggi

CAPITOLO III

Sant'Ottone l'eremita

3.1 Le fonti agiografiche.

Ottone di Ariano, insieme a quella di Bernerio di Eboli, rappresenta una delle rare esperienze eremitiche documentate in Campania dell'XI e XII secolo. La ripresa dell'eremitismo in questo periodo è spinta, molto probabilmente, da una crisi del monachesimo tradizionale, dall'incapacità di soddisfare nuove aspirazioni spirituali, aprendo percorsi di eremiti del tutto indipendenti che costituirono la novità più sostanziale della riproposizione di questo fenomeno.

Ottone appartiene a questa forma di eremitismo indipendente. Non era originario dell'Italia meridionale, ma si ferma ad Ariano dopo aver a lungo peregrinato e visitato la Terrasanta, comportamento usuale presso gli eremiti dell'epoca. Il viaggio verso le terre interne della Campania, tra l'altro, era facilitato sia dalla percorrenza della via Traiana (vedi pag. 33), direttrice utilizzata dai viaggiatori per il medioriente che conduceva da Benevento a Brindisi, sia dalla presenza di numerosi monasteri e chiese lungo il percorso per il ristoro e il riposo dei pellegrini, sia perché le strade erano rese più sicure per la protezione dei Normanni. Di Ottone ci resta un racconto agiografico trascritto da un antico Ufficio della chiesa arianese [*Hymnus de Sancto Othone* - BHL 6391] negli *Acta Sanctorum,* che i Bollandisti hanno ritenuto degno di fede[66].

---

[66] A. Galdi, *Santi, territori, poteri e uomini nella Campania medievale secc. XI-XII*, op. cit., p. 83. Cfr.: G. Stanco, *L'Amor infinito ch'alla Patria si deve - La Descrittione di Ariano di un notaio del XVI secolo*, Avellino, Sellino, 2008: «Testo ritenuto autentico per gli usi liturgici della Chiesa arianese tra il XII e XIII secolo».

I Bollandisti, nell'analizzare il culto di Ottone, hanno tenuto presente, altresì, un'altra biografia di cui sono segnalati due esemplari; uno di essi era custodito nel reliquiario della Cattedrale di Ariano[67].

Si tratta di una logora pergamena rinvenuta nella chiesa sita fuori Ariano, San Pietro *de' Reclusis* o delli *Chiausi* (così chiamata dal volgo)[68], come nascosta e lasciata dal santo nell'attiguo romitorio dove visse gli ultimi anni della sua vita come eremita, e consegnata all'allora vescovo Diomede Carafa (1512-1559)[69].

Custodita dal Vicario Generale del Carafa, Ottavio Passaro, la pergamena scomparve per un breve periodo, finché dopo la morte di entrambi fu ritrovata nel 1585 durante i lavori di sistemazione della biblioteca privata, quando era vescovo Alfonso de Ferrera[70].

«Questo prelato, dando soddisfazione all'opinione pubblica che stimava essere lo scritto veramente opera del santo, lo chiuse in una cassetta, e lo depose dentro l'altare maggiore con altre reliquie. In progresso di tempo trovata essere apocrifa quella vita fu levata dall'altare, ed ora è custodita nella tesoreria»[71].

---

[67] Scipione De Augustiniis, arianese e notaio della città allora vivente, autore delle memorie manoscritte "*Descrittione d'Ariano città della provintia di principato ulteriore*", conservate nella biblioteca della Società Napoletana di Storia Patria, dà atto che nell'anno 1585, il 18 di maggio, venne «riposta con molte altre Reliquie dentro il maggiore Altare della Cattedrale di Ariano» dal vescovo di allora Alfonso de Ferrera. Le "Memorie" di Scipione de Augustiniis sono rimaste manoscritte fino alla pubblicazione di G. Stanco, *L'Amor infinito ch'alla Patria si deve,* Avellino, Sellino, 2008, p. 119.

[68] La Chiesa di San Pietro *de' Reclusis* o delli *Chiausi* nasce nel XII secolo come chiesa rurale, distante circa un miglio dalle mura cittadine, favorita dallo sviluppo demografico nelle campagne prossime al *castrum*.

[69] I. Potenza, *Memorie di S. Ottone eremita Protettore principale della città e diocesi di Ariano,* Roma, Salomoni, 1780, p. 85.
Cfr. G. Stanco, p. 70, trascrizione del manoscritto di Scipione de Augustiniis: «Costui [vescovo Carafa] ... curioso dell'antichità et di cercare et investigare la vera origine d'Otone Santo [...] volle avventurarsi à far cercare nel suolo della cappella di questo Santo, nella chiesa di Santo Pietro de' reclusi dove egli si elesse una sua cella [...]. Et guidato dal spirito santo in breve, et non molto sotto terra si trovò un vaso di creta antico nel quale ancora era un poco di terreno dentro, et quel riversando ne cadè l'antico libretto di carta pergamena scritto a mano di lettera antica».

[70] G. Stanco, idem, p. LXXXVII.

[71] N. Flammia, *Storia della città di Ariano dalla sua origine sino all'anno 1893,* Marino, Ariano, 1893, p. 2.

L'autore del testo parla in prima persona ed afferma di essere lo stesso Ottone che lo dà per redatto il 13 settembre 1181: «*In Dei Patris nomine et Salvatoris Dñi Nostri Jesu Christi* [...]. *Ego, qui origine Italus, Otho, patria Romanus, genere e nobili familia Fregipane ortus*»[72].

La pergamena con la vita apocrifa del santo, che era serbata nel Sacrario della Cattedrale, nel 1613 per ordine del Cardinale Ottavio Ridolfi, allora vescovo di Ariano, venne estratta per renderne copia autentica[73]. Una copia della vita apocrifa di cui parla l'Ab. Potenza è stata rinvenuta, dopo il terremoto del 1962, da Don Donato Minelli in una nicchia della vecchia chiesa dell'Annunziata (fig. n. 11),

Figura 11 - Pag 1 e 2 della "Vita S. Ottone", apocrifa, rinvenuta nel romitorio adiacente la chiesa di San Pietro *de' Reclusis* (1512-1559). Custodita nell'Ufficio dei Beni culturali dell'Archivio Diocesano di Ariano. Fonte propria.

---

[72] «Io, Ottone, fui italico d'origine, per nascita Romano e per stirpe discesi dalla nobile famiglia Frangipani».
[73] I. Potenza, *Memorie di S. Ottone*, op. cit., p. 20.

attualmente conservata presso l'Ufficio dei Beni culturali dell'Archivio Diocesano di Ariano.

Sia la presunta autobiografia (che da qui la chiameremo "Vita di S. Ottone") sia l'"Antico Officio di S. Ottone", sono state pubblicate per intero dall'Abate Ignazio Potenza nel 1780[74], nelle "Memorie di S. Ottone eremita Protettore principale della città e diocesi di Ariano", frutto di un'indagine commissionata dal fratello di questi, il vescovo di Ariano Lorenzo Potenza (1778-1792), con lo scopo di confutare la falsa autobiografia e di pervenire ad un giudizio definitivo sullo scritto apocrifo. L'abate Potenza premette di utilizzare un metodo di indagine basato sulla verifica di alcuni presupposti applicati sia alla "Vita di S. Ottone" sia all'"Antico Officio", ritenendo che un documento, per essere ritenuto apocrifo, va valutato seguendo un idoneo percorso di analisi che tenga presente: se vi siano documenti più rispettabili che attestino diversamente; se il contenuto sia inverosimile o impossibile; se vi si scopra un motivo per falsificarlo; altrimenti non vi sarebbero dubbi sulla sua sincerità.

«Nelle "Memorie" l'Ab. Potenza non si limita, tuttavia, a contraddire l'ignoto falsario, ma fornisce notizie certe sulla vita del Santo Patrono, ricavate da fonti e documentazioni attendibili, secondo i principi storiografici fissati dal Muratori all'inizio del '700»[75].

---

[74] I. Potenza, *Memorie di S. Ottone eremita, Protettore principale della città e diocesi di Ariano*, Roma, Salomoni, 1780.
La ***Vita di S. Ottone apocrifa*** è riportata per intero nelle "Memorie" dell'Ab. Potenza da pag. 21 a pag. 41, mentre la ***Vita ricavata dall'Antico Officio*** del santo da pag. 103 a pag. 113.
La Vita ricavata dall'Antico Officio è distinta in 9 capitoli corrispondenti alle lezioni dell'Ufficio. Un X capitolo è desunto da responsorii e antifone e contiene due miracoli in vita, la morte di Ottone e un miracolo *post mortem*, mentre un XI capitolo comprende un'epitome della vita e dei miracoli desunta dagli inni.
[75] D. Minelli, *Memorie di S. Ottone*, a cura di D. Donato Minelli, Ariano, Lucarelli, 2007, p. 8.

Non ci occuperemo dei riferimenti anacronistici e dei travisamenti del racconto agiografico ripercorsi nell'analisi critica dell'abate Potenza[76], il quale, seguendo il giudizio critico dei Bollandisti, rigetta come apocrifa l'autobiografia di sant'Ottone ("Vita di S. Ottone"), perché scritta "per adulazione e vanità non prima del secolo XVI"; quel che ci interessa è la parte delle "Memorie" in cui il critico coglie gli elementi rispondenti al vero per assodare il Culto di s. Ottone già subito dopo la sua morte, di cui riferiscono i Bollandisti e le varie testimonianze di conferma, come quelle rese da Pietro Diacono[77] o da Eriberto Rosweido[78], da cui emerge chiaramente la vita di Ottone ed il suo percorso di eremita e di santità spirituale.

---

[76] Cfr. I. Potenza, op. cit. Le "*Memorie*" sono divise in tre capitoli: il I registra i "Monumenti apocrifi del medesimo" ossia la vita a lui attribuita; il II capitolo i monumenti ritenuti sinceri intorno alle memorie del medesimo Santo ed intorno al pubblico culto 'renduto' al medesimo; nel III capitolo si dà 'un ristretto della sua vita ricavata da sinceri monumenti'.

[77] Testimonianza di Pietro Diacono riportata nelle "Memorie" dell'Ab. Potenza, Capo II, pgr. I, punto 34-36, p. 90: «Pietro Diacono [...] scrivendo "*De Invenzione et Miraculis S. Benedecti*", narra un memorabile avvenimento in commendazione di S. Ottone. Un soldato, egli dice, nella Puglia preso in un conflitto da un suo nemico, stretto fra ceppi, e ritenuto per moltissimi giorni sepolto in sotterranea fossa, non reggendo al crudel disagio, non cessava d'invocare fervidamente S. Benedetto in suo soccorso. Propizio il Santo gli apparve e poiché l'ebbe confortato così gli disse: '*Nunc vero surge celerius, catenas vero quibus ligatus es, quotiamo propter itineris longitudinem ad Corpus meum in Casino ferre minime vales, ad sepulchrum Fratris Othonis Inclausi, qui regulam meam optime conservavit suspende, ob tuam liberationem ad laudes Deo reddendas, ire ne tardes Casinum*': sciolte da se stesso le catene, il liberato prigioniero adempì fedelmente ciò che aveagli imposto il suo liberatore. [...] Altronde costa che S. Ottone finì di viver circa il 1127, o sia circa 13 anni prima che morisse Pietro Diacono [1140], dunque tra questi anni posteriori alla morte di S. Ottone [...] poteva egli essersi cominciato a venerare nel suo sepolcro e quindi poté il liberato prigioniero andarvi a sospendere le sue catene, e poté Pietro Diacono averne descritto l'avvenimento».

[78] Testimonianza di Eriberto Rosweido, autore dei *Fasti sanctorum* (1607), concernente il Culto di S. Ottone, Op. Cit., Capo II, pgr. III, p. 99: «Di questo ch. scrittore dunque ci attestano i Bollandisti di aver trovato fra alcune annotazioni manoscritte al Martirologio di Usuardo la seguente addizione: "*Die 23 (Martii) Ariani Natalis S. Othonis Romani Protectoris Arianensium, cuis Altare et imago Romae est in Ecclesia SS. Martini et Silvestri in Montibus*"».

3.2 La vita di sant'Ottone. Dalla origini alla milizia.

Nella "Vita di S. Ottone" fa da sfondo una descrizione dettagliata delle vicende del contrasto tra il papa Innocenzo II e l'antipapa Anacleto II, nonché tra il legittimo pontefice e il re normanno Ruggero II, e nelle pagine a seguire tra Federico I e Alessandro III ed altri personaggi, emergendo dalla narrazione degli eventi una documentazione storica più generale del periodo contemporaneo all'esistenza del Santo.

Dalla "Storia inedita della *Famiglia Frangipane*", di cui è autore Onofrio Panvino, sappiamo che dall'antica e nobile famiglia Anicia da Roma, poi conosciuta col soprannome di Frangipane che occupò un posto di primo piano a Roma fra l'XI e il XIII secolo, discendeva sant'Ottone, nato a Roma probabilmente nell'anno 1040.

Il conflitto tra Impero e Papato fa da sfondo alla vita del Santo ed è causa della sua prigionia; difatti per contrastare le ambizioni e i soprusi dell'antipapa Anacleto II, papa Innocenzo II chiese aiuto all'imperatore del Sacro Romano Impero Lotario II Duca di Sassonia, convincendolo a sposare la propria causa e a venire in Italia per la restituzione della sede apostolica, nel frattempo occupata da Anacleto.

Verso il 1058, in occasione di questi avvenimenti, molti giovani romani, come pure il nostro Ottone all'età di 18 anni, furono adornati di una cintura militare per una spedizione militare a favore del papa.

Fra quelli che nel secolo XI combattevano il principato romano e la Chiesa vi erano i Tuscolani e gli Albani, sia nell'elezione dei suoi pontefici, parteggiando per l'elezione dell'antipapa, sia osteggiando l'esercizio della sua duplice potestà spirituale e temporale, negando il pagamento del tributo imposto. La guerra era perciò inevitabile ed Ottone si trovò coinvolto nell'esercito di tremila soldati, organizzato

dai Consoli romani, a muovere contro i Tuscolani, al momento capeggiati da Rainone, Conte di Puglia, cacciato via da Ruggero.
Nella battaglia nei pressi di Frascati i sopravvissuti furono portati prigionieri a Tuscolo con il collo e le mani legate e il ceppo ai piedi, come pure il nostro Ottone.

Prigionia e liberazione
Rimasto solo nelle carceri, pregava incessantemente Dio perché lo liberasse e non molto tempo dopo fu esaudito, quando gli apparve una notte in una visione san Leonardo di Limoges che lo liberò dalle catene e lo invitò a lasciare la professione militare e ad andare per il mondo *sed hinc simplici corde atque corpore*[79].

Pellegrinaggi ed occupazioni
Miracolosamente liberato dalla prigionia, iniziò per lui una vita errabonda il cui lunghissimo pellegrinaggio non possiamo tracciare, sappiamo, però, che ha visitato diversi *oracula sanctorum*. Tra i santuari visitati vi è la Badia della SS. Trinità di Cava de' Tirreni, retta dall'Abate San Pietro, dove trascorse alcuni anni prendendosi cura delle vesti dei religiosi. Altro nobilissimo incontro avuto durante le sue peregrinazioni, che ci riporta la tradizione arianese, è quello avuto personalmente con Guglielmo da Vercelli sul Monte Virginiano; di questo incontro tuttavia non vi è documentazione[80].

---

[79] I. Potenza, *L'Antico Officio di S. Othonis* in *Memorie*, op. cit., p. 106. «Da questo momento procedi con purezza di cuore e di comportamenti».
[80] A. Galdi, *Santi, territori, poteri e uomini nella Campania medievale*, op. cit., p. 92.

Arrivo ad Ariano ed esercizio delle virtù

Da pellegrino giunse ormai vecchio ad Ariano una decina di anni prima di morire, dove decise di fermarsi per dedicarsi all'assistenza dei pellegrini, costruendo una sorta di alloggio per loro dedicato a s. Giacomo. Il ricovero era ubicato allora all'ingresso della città nei pressi della porta detta "La Strada", dove Ottone accoglieva i pellegrini e li curava; per procurarsi il necessario per dare assistenza ai bisognosi realizzava calzature per gli abitanti della città.

Nell'episodio del ritrovamento del testo apocrifo sulla "Vita di S. Ottone", allora vescovo Diomede Carafa, si riporta che l'antico libretto trovato nel vaso di creta era ben «preservato nel mezzo perché sopra di lui vi era un coltello da calzolaio molto largo, una subia, et un bastonetto chiamato all'uso di questa città Goscio, con un circoletto di rame giallo, che usano tener nel dito gli artegiani di cotesta arte di calzolaio»[81].

Romitaggio

Dopo sette anni di vita irreprensibile tra gli Arianesi, rifiutando la compagnia degli uomini, diede un'ulteriore svolta alla sua esistenza andando a vivere da eremita in una cella che aveva costruito vicino alla chiesa di San Pietro de' *Reclusis*, sita fuori dalle mura della città e distante settecentosessanta passi da essa[82]. Il suo comportamento aprì ad un fenomeno devozionale intorno alla sua figura di eremita: vi si chiuse al fine di prepararsi alla morte conducendo un'esistenza ancora più austera, prolungando le vigilie, diminuendo lo scarsissimo cibo e

---

[81] Scipione de Augustiniis, *Descrittione d'Ariano*, trascritta a cura di G. Stanco in *L'Amor infinito ch'alla Patria si deve*, op. cit., p. 70.
[82] D. Minelli, *Memorie di S. Ottone*, op. cit., p. 32.

battendo il suo corpo con un flagello composto di «sessanta corregge, spesso conobbe le terribili minacce dei demoni e le loro innumerevoli derisioni»[83]. Aveva scavato, inoltre, una fossa per ricordare a se stesso la sua condizione, lasciandola scoperta perché si compisse quanto insegnavano le Scritture.

Miracoli di sant'Ottone quando era in vita

Ottone era ad Ariano nel periodo in cui Giordano era conte della città[84]. Un suo milite di nome *Servatius* andava a caccia con un falcone del conte, pratica molto in uso nel periodo medievale. Un giorno di caccia capitò che l'uccello non facesse ritorno con grande disperazione del soldato poiché temeva l'ira e la reazione del conte, ma nel corso della ricerca del falcone notò che si era posato sulla celletta dell'eremita. L'uccello non ne voleva sapere di far ritorno nonostante i continui e ripetuti richiami del soldato che lo lasciarono senza voce, costringendolo ad arrampicarsi sulla celletta per poter prendere il falcone. Quando Ottone gli chiese il motivo, il soldato lo pregò di aiutarlo al che il Santo gli disse di recarsi presso la fonte detta di san Pietro dove l'avrebbe trovato mentre si bagnava, come puntualmente avvenne.

Altri due miracoli di sant'Ottone di quando era in vita sono riportati

---

[83] D. Minelli, idem.
[84] Cfr. G. Grasso, *Ariano dalle origini alla fine del 700, rielaborazione in linguaggio moderno dell'opera di Tommaso Vitale*, Ariano, Lucarelli, 2007, p.33-35. La storia di Giordano si inserisce nell'ambito dei Conti arianesi di origine normanna. Visse in un periodo caratterizzato da guerre private e rappresaglie, difatti nel 1119 il Conte Giordano Drengot era in lotta per la supremazia e il possesso dei territori con Rainulfo, Conte di Avellino. La sospensione delle lotte fu favorita dall'interesse del cardinale Ugo di Benevento (poi papa Gelasio II) che impose tra le parti la "Tregua di Dio". Giordano estese notevolmente la sua contea, fino ad occupare buona parte del Ducato di Benevento. Per timore di un allargamento ulteriore dei confini da parte di Giordano il Duca Guglielmo di Puglia, grazie anche all'aiuto di Ruggero II, invase le terre del Conte Giordano e lo costrinse a riparare a Montefusco e da qui a Morcone, non facendo più ritorno ad Ariano, fino alla morte del Duca Guglielmo avvenuta il 26 luglio 1127.

nei Responsorii e nelle Antifone dell'"Antico Officio" e riguardano la guarigione dalla cecità di un adolescente e di una donna guarita dalla febbre[85].

Morte di sant'Ottone e miracoli post mortem

Una datazione certa della morte del Santo non l'abbiamo, tuttavia, essendo contemporaneo di Giordano ed Ottone giunse ad Ariano ormai in tarda età e qui trascorse altri dieci anni di cui tre da eremita, gli storici hanno potuto datare la sua morte avvenuta il 23 marzo 1127, ormai più che ottuagenario.

«E allora fu, che sparsa la novella della sua morte, non v'ebbe tra gli Arianesi chi non ne rimanesse altamente penetrato secondo i vari affetti, che detestava in essi, o la santità ammirata in lui o le beneficenze che ne aveano sperimentate, e tutti concordemente si affollarono alla sua Cella[86]. Anche il vescovo stesso di Ariano, che ne discerneva il merito e la santità, volle accogliere la mortale spoglia ed onorevolmente la trasferì ed elevò nella Cattedrale sua Chiesa»[87]. Il trasferimento solenne del corpo di sant'Ottone nella cattedrale avvenne, però, dopo il Concilio Laterano del 1179.

Tra i prodigi operati dal Santo dopo la morte, vi è quello avvenuto tra il 1175 e il 1190, «appoggiato unicamente alla tradizione»[88], quando Ariano era assediata dai Saraceni accampati nei pressi del Castaglione,

---

[85] I. Potenza, *"Memorie"*, p. cit., p. 110, dai Responsorii e Antifone: «*Adolescens quidam oculorum lumine privatus, dum ab illo Christi Cruce signaretur, factus est sanus*»; «*Dum preces ad Dominum B. Otho funderet, ut febres mulieri tolleret, statim Dei virtutem adesse conspexit, cumque ab oratione surgeret ab infirmatate mulier liberata est*».

[86] G. Stanco, *L'Amor infinito ch'alla Patria si deve*, op. cit., p. LXXXIX: "Durante i lavori di ripristino del romitorio, in seguito ai terremoti del 1962 e del 1980, sono venuti alla luce due affreschi, uno del XIII secolo, l'altro del 1586, raffigurante S. Francesco di Paola. De Augustiniis assicura, invece, che la cappella di S. Pietro abbia contenuto il sepolcro di Ottone «con la pittura di molti suoi Miracoli da lui fatti»".

[87] I. Potenza, *Memorie Ottone eremita*, op. cit. p. 223.

[88] T. Vitale, *Storia della Regia Città di Ariano e della sua Diocesi*, op. cit., p. 234-235.

a circa 300 passi dalla città.

L'episodio, riportato nell'opera di F. Barberio *"De Miraculosa lapidum pluvia instar grandinum adversus Saracenos"*, racconta di una grande quantità di pietre caduta dal cielo per intercessione di sant'Ottone, apparso tra le nuvole, che costrinse i Saraceni a togliere l'assedio dalla città[89].

Fra i miracolati del santo vi fu anche sant'Elzeario de' Sabran, che divenne conte e anch'esso patrono di Ariano; così ce lo riporta l'abate Potenza nelle "Memorie" [p. 225]:

> «Ma non deve lasciarci sotto silenzio la sollecita cura, ch'egli si tolse a conservare la troppo pregevole vita di S. Elzeario Sabrano, ch'esser doveva insigne modello di Cristiana perfezione, e di Conte di Ariano divenire anch'esso inclito Tutelare imperocché, come si ha dal detto Barberio [Fabio] essendo questi compreso da epidamico malore, che a certi segni minacciavagli morte, il pio Ermingao suo genitore all'estremo afflittone, ebbe ricorso alla mediazione di S. Ottone, perché dall'imminente pericolo gliel liberasse.
> Quanto fosse il soccorso implorato, e con qual pienezza rimanessero paghi i voti del tenero Padre, lo palesò l'alta riconoscenza, ch'egli mostrò pel ricuperato figlio, poiché vedendo con quanta esemplar pietà venera vasi S. Ottone nella Cattedrale di Ariano perché ne divenisse il Culto anche più splendido ed esercitato da maggior frequenza di Sacri Ministri, per accrescer di questi il numero e pel loro mantenimento arricchì di molti beni la detta Chiesa, ed oltre a ciò, fé del Castello di S. Eleuterio alla Episcopal Sede libero dono».

---

[89] Cfr. G. Grasso, *Ariano dalle origini alla fine del 700*, op. cit. p. 186: «Della miracolosa pioggia di lapilli a forma di grandine contro i Saraceni». Barberio dedicò l'opera al vescovo Paolo Cajazza, il quale prescrisse che fossero incastrate nelle mura della cappella di S. Oto nella Cattedrale, per conservarne la memoria e vi fosse collocata la seguente iscrizione: «*LAPIDAE GRANDINES AB AERE DELAPSAE ADVERSUS SARACENOS SANCTI OTHONIS PRECIBUS DUM ARIANUM OBSEDERANT*». «*ILLUSTRISSIMUS DOMINUS PAULUS CAIATIA EPISCOPUS ARIANI ALIQUOT EX MIRACULOSIS ILLIS LAPIDIBUS SIC PERPETUO CONSERVANDAS MANDAVIT A.D.* 1631».
Di queste pietre, che sono di colore scuro e di struttura varia, ne sono state incastrate alcune, di tempo in tempo, nelle mura delle loro abitazioni, per devozione, sia dagli Arianesi che dai forestieri nei loro paesi.

3.3 Traslazione del corpo di sant'Ottone.

Le spoglie mortali di sant'Ottone riposarono nella cattedrale per pochi anni, fino al 1220 circa, quando furono traslate a Benevento non per motivi conflittuali o perché potessero essere trafugate da altre comunità, come era frequente in epoca medievale, ma per timore che fossero profanate dai Saraceni[90]. Ma la fiducia posta nei beneventani costò cara agli Arianesi perché, passato il pericolo e venuti tempi più tranquilli, chiesero in seguito vanamente la restituzione delle spoglie. Per quanto riguarda la traslazione del corpo di sant'Ottone vi è una notizia certa non legata, però, al suo trasferimento a Benevento, ma relativa al ritorno del corpo del Santo in Ariano.

Il Re di Napoli Alfonso I d'Aragona, sollecitato dal vescovo di Ariano Orso Leone de Leoni che per qualche tempo era stato suo Cappellano Maggiore, scrisse un'accorata lettera il 12 maggio 1452 da Pozzuoli al cardinale Antonio Cerdano, affinché intervenisse sull'arcivescovo di Benevento, Giacomo della Ratta, per negoziare la restituzione del corpo di sant'Ottone:

> «Rme in Christo Pater Domine atque Amice nobis carissime. Cives Ariani cupiunt majorem in modum, ut Corpus B. Othonis Confessoris, quod tempore quo infedele Italiam invadebant, invitis Arianensibus, ab Ecclesia Arianensi ad Beneventanam fuit translatum, Ecclesiae Arianensi restituatur. Hoc enim honestum atque pium est. Vestrampropterea Paternitatem ea animi vehementia, qua possumus rogamus, ut pro hac restituzione facienda atque cum SS. Domino nostro atque cum

---

[90] G. Stanco, *L'Amor infinito ch'alla Patria si deve*, op. cit. p. XCIII. «Se si seguono le indicazioni della lettera che collegano la traslazione [da Ariano a Benevento] ad un'invasione saracena, si possono individuare tre episodi: nel 1190 Ariano filo-normanna fu assediata dagli Svevi, insieme ad una compagine saracena; nel 1229 Ariano di parte guelfa fu attaccata da Federico II, al ritorno dalla Terra Santa; nel 1256, Ariano appartenente alla fazione guelfa, fu saccheggiata dai Saraceni di Lucera e dalle truppe di Manfredi».

Archiepiscopo Beneventano vices nostras interponatis, omnino dicta restituito sequatur, quod nobis ad singularem complacentiam evadet. Datum Puteolis die 12 mensis Martii an. A Nativ. Dom. 1452. Rex Alphonsus ruego vos a fogays. Rex Aragonum, utrusque Siciliae. Dominus Rex mandavit mihi Mattheo Joanni»[91].

Il cardinale aderì all'invito e la traslazione avvenne con tutti gli onori e la solennità che richiedeva l'evento: una delegazione di ottocento persone con tutto il clero e duemila persone armate andarono incontro al corteo fino al fiume Calore; il popolo arianese accolse con grande giubilo le spoglie che furono deposte sotto l'altare[92].

Si veda anche l'annotazione (1892) del vescovo di Ariano Andrea D'Agostino[93]:

«Non mancò il cardinale di compiere premurosamente l'incarico; ed ebbe il piacere di vedere la sua mediazione coronata di felice successo.
Dopo circa 230 anni le Sacre Reliquie di S. Ottone facevano ritorno in Ariano; ed immaginare si può quantunque non detto dalla storia, con quanta festa andasse ad incontrarle il popolo, a riceverle e a riportarle alla Cattedrale».

---

[91] I. Potenza, *Memorie Ottone eremita*, op. cit, p. 94
[92] Cfr. G. Stanco, *L'Amor infinito ch'alla Patria si deve*, op. cit. p. 117: «Fu fatta la detta traslazione con ogni pompa possibile, uscendo dalla città gli Arianesi sino al fiume Calore con torce accese, nel numero di ottocento persone, con tutto il clero della città e duemila persone armate che custodivano il prezioso tesoro per la strada, sino che giunsero alla città, da dove uscì tutto il popolo a incontrarlo con giubilo e festa, e con indicibil pompa, sotto archi trionfali lo condussero alla Cattedrale, dove erigendoli ricchissimo altare, sotto di quello deposero (Capozzi, 43)».
[93] A. D'Agostino, *S. Ottone Frangipane protettore di Ariano di Puglia*, Ariano, Appulo-Irpino, 1892.

3.4 Le reliquie

Vi è, quindi, una documentazione certa che attesta l'avvenuta traslazione delle reliquie da Benevento ad Ariano, ma che non riguardano la totalità delle spoglie di sant'Ottone. Si conservano attualmente due reliquie: una è racchiusa in una teca custodita in un braccio d'argento; l'altra, anch'essa in una teca, è custodita nel petto della grande statua d'argento, per cui resta il mistero, che ad oggi non sembra soluto, di dove siano le restanti spoglie del santo. Resterebbero, pertanto, due ipotesi plausibili: o delle spoglie furono consegnate agli arianesi solo una minima parte, per cui il resto del corpo venne conservato in qualche chiesa di Benevento, ovvero il corpo fu restituito per intero alla comunità ed effettivamente murato in una parte della cattedrale, dando fede così alla "Cronica" del Capozzi[94], lasciando alla libera devozione le sole reliquie che oggi vengono ostentate.

Tenendo conto che la richiesta di restituzione era avallata dalle massime autorità che potevano intervenire in quel momento, Re Alfonso d'Aragona da una parte e il cardinale Cedrano nelle veci di papa Niccolò V dall'altra, sembrerebbe poco percorribile l'ipotesi della mancata restituzione dell'intero corpo di s. Ottone senza che gli Arianesi, forti dell'interessamento di simili autorità, non ne reclamassero appieno la restituzione. Al riguardo a Benevento, da quanto attestato nel catalogo sinodale delle reliquie possedute fatto dal Cardinal Orsini, non risultano conservate reliquie di sant'Ottone; Mons. D'Agostino così prosegue nella sua opera[95]:

> «Silenzio più dispiacevole e di maggior danno è quello che la storia

---
[94] Vedi nota n. H1: Cfr. G. Stanco, *L'Amor infinito ch'alla Patria si deve*, op. cit., p. 117
[95] A. D'Agostino, *S. Ottone Frangipane protettore di Ariano di Puglia*, Ariano, Appulo-Irpino, 1892.

intorno al luogo dove la maggior parte delle ricuperate Reliquie fu posta. Quindi abbiamo la mortificazione e la pena d'ignorare dov'è che esse ora sono nascoste. Da due secoli almeno nel tesoro della cattedrale non si vede delle Reliquie di S. Ottone che un braccio, chiuso in un reliquiario di argento. E le altre? Non può dirsi che siano rimaste a Benevento; sia perché il Ciacconio in modo assoluto scrive, che il Cardinal Cerdano riuscì nell'impresa; sia perché il Capozzi dice nella sua Cronaca di Ariano che l'intero corpo del santo fu trasferito da Benevento e collocato in una magnifica cappella nella chiesa Cattedrale; sia finalmente perché nel catalogo sinodale delle reliquie possedute dalla chiesa di Benevento, fatto dal Cardinal Orsini, non sono punto annoverate quelle di S. Ottone».

Né il resto delle spoglie potrebbero trovarsi a Castelbottaccio (CB), dove il Santo è festeggiato il 31 luglio come loro patrono, secondo Mons. D'Agostino:

«A Castelbottaccio in provincia di Molise e diocesi di Larino si celebra la festa di S. Ottone e si pretende che il corpo di lui stia sepolto e nascosto nella loro chiesa matrice. Ma questa asserzione non ha altro fondamento che una vaga tradizione popolare; con tre versioni diverse. La prima dice che il corpo di S. Ottone trovasi a Castelbottaccio, colà trafugato, senza che si sappia né come né quando, e senza che in Ariano rimanesse traccia di questo furto; e questo è inverosimile. La seconda pretende che S. Ottone non morì ad Ariano, ma a Castelbottaccio, ove fuggendo da Ariano si era ricoverato. La terza crede che S. Ottone morì a Castelbottaccio, ove recato si era nel 1178 per assistere alla consacrazione di quella Chiesa. Ma queste due ultime versioni contraddicono a ciò che la storia afferma intorno al tempo ed al luogo della morte del Santo, e quindi non si possono ammettere.
A Castelbottaccio da due secoli almeno si venera il dito anulare di S. Ottone, ma senza autentica. Di questo Santo, che hanno scelto anch'essi per Protettore, fanno ogni anno due feste. Una minore il 15 Aprile, in memoria di un miracolo non specificato,

ed una maggiore solennissima il 31 luglio[96].
Più probabile a me sembra che le Sacre Reliquie di S. Ottone debbano stare là dove il Capozzi dice che furono riposte, quando furono traslate da Benevento; cioè in quella cappella della Cattedrale che è dedicata al Santo Patrono. Per timore appunto di qualche rapimento pensarono occultarle, mettendole sotto terra e più convenientemente sotto l'altare».

Il reliquiario a forma di braccio si presenta con le dita della mano in atto di benedire. È tutto d'argento ed è databile intorno alla seconda metà del XV secolo, ne è riprova il bollo NAPL[97] inciso tre volte in caratteri gotici maiuscoli che era in uso negli anni 1450-1500.

Vi è racchiuso un osso di un braccio di sant'Ottone che lo si può intravvedere attraverso un'apertura realizzata per tale scopo.

Il braccio poggia su una base anch'essa d'argento, ma realizzata in data posteriore a devozione dei fratelli Persio e Scipione Sebastiani [vedi G. Stanco], come si può evincere dalla dedica incisa sulla base esagonale: "Al B. Patrono Ottone donarono i nipoti Persio, dottore *in utroque jure* e arciprete della cattedrale, e Scipione Sebastiani adempiendo la volontà dello zio Muzio Sebastiani, protonotario apostolico canonico tesoriere della cattedrale".

Vi è inciso, altresì, uno stemma vescovile raffigurante un leone rampante che stringe tra le fauci una freccia, simbolo forse appartenente al vescovo Emmanuele Brancaccio (1667-88)[98]. [vedi figura n. 12]

---

[96] N. Flammia, *Storia della città di Ariano dalla sua origine sino all'anno 1893,* op. cit., p. 166, così descrive l'aneddoto: «Avendo letto in Potenza che nel comune di Castelbottaccio si credevano possedere il corpo di S. Ottone, ho voluto chiedere notizie, e il sindaco del paesello, cortesemente ha risposto che veramente i preti mostrano alla venerazione l'osso del dito anulare di S. Ottone, dicono che è morto e seppellito a Castelbottaccio; ma nessuno sa dove sia il corpo».
[97] Tripla punzonatura che certificava la qualità del metallo; divenne obbligatoria con la prammatica del 19 agosto 1690, emanata dal Viceré di Napoli.
[98] D. Minelli, *La Basilica Cattedrale di Ariano Irpino – Storia e Arte*, p. 46

Figura 12 - Reliquiario: braccio di sant'Ottone conservato presso il Museo degli Argenti in Ariano Irpino.
Fonte: estratto dalle "Memorie di S. Ottone" di D. D. Minelli

Il busto d'argento alto 95 cm [vedi figura n. 13], che di per sé potrebbe suscitare particolare interesse artistico-scultoreo, è stato realizzato probabilmente nel XVII secolo, poggiante su una base ottagonale in legno rivestita con pannelli e lamine d'argento.

Nei quattro pannelli, con lavorazione a sbalzo, sono rappresentati fatti più significativi della vita del santo. Nel pannello anteriore vi è rappresentata la fuga dei saraceni atterriti da una grandine di pietre, il cui episodio è già stato riportato in questo capitolo (pgr 3.2 - *Morte di sant'Ottone e miracoli post mortem*). Nel pannello posteriore vi è rappresentata la liberazione di sant'Ottone dal carcere per intercessione di san Leonardo da Limoges; nel pannello posto sul lato destro Ottone è raffigurato pellegrino a Montevergine in conversazione con san Guglielmo da Vercelli, mentre nel pannello del lato sinistro viene ricordata la guarigione di Elzeario de' Sabran, conte di Ariano.

Nel petto vi è una teca contenente un osso con la scritta *ex ossibus S. Othonis*.

Con la mano sinistra regge il Crocifisso, mentre con la destra regge la palma e il cilicio in ricordo della vita penitente del Santo[99].

Figura 13 – Sant'Ottone, busto d'argento, conservato presso il Museo degli Argenti in Ariano Irpino.
Fonte: estratto dalle "Memorie di S. Ottone" di D. D. Minelli

Sono molteplici gli episodi che richiamano la figura di sant'Ottone, ma al di là della loro razionalità o meno vanno comunque interpretati come testimonianze e forti segnali di devozione e del culto che il popolo arianese attribuiva al loro patrono.

---
[99] D. Minelli, *La Basilica Cattedrale di Ariano Irpino – Storia e Arte*, p. 48

3.5 Il culto di sant'Ottone

Dai temi fin qui affrontati emerge che la tradizione agiografica relativa ad Ottone ha posto dei problemi inerenti l'attendibilità o meno di alcuni tratti salienti alla vita ed alle opere del Santo, tuttavia le maggiori certezze ci vengono offerte dall'antichità del culto religioso iniziato subito dopo la sua morte.

Come e quando poi il culto reso a sant'Ottone uscì fuori dalla diocesi arianese e si estese fino a Roma, non è possibile documentarlo, tuttavia se ne è attestato il culto in questa città, nella cappella gentilizia che i Frangipane hanno nella Chiesa dei SS. Martino e Silvestro; è venerato e festeggiato, altresì, a Castelbottaccio nella diocesi di Larino, mentre dalla Confraternita di San Filippo Neri di Bologna era annoverato tra i Santi protettori di ogni mese[100].

Che il culto di sant'Ottone fosse iniziato subito dopo la sua morte (1127) e prima del 1140, ossia quando si interrompe la vita letteraria di Pietro Diacono, lo si può evincere da quanto ci racconta lo stesso monaco cassinese nella *"De Invenzione et Miraculis S. Benedecti"*, in cui narra di un memorabile avvenimento che richiama sant'Ottone: di un soldato che invoca san Benedetto, le cui supliche vennero esaudite con l'impegno che il soldato, una volta liberato, rendesse visita al sepolcro del fratello *Othonis Inclausi*.

Appare ovvio quindi che nel corso dei 13 anni appena trascorsi dalla morte di Ottone si praticasse già il culto per l'eremita santo.

Per decretargli il giusto culto religioso, l'allora vescovo di Ariano, che intervenne nel 1179 al Concilio Laterano (dalla tabella della cronotassi non è dato sapere il nome, l'Ughelli tuttavia afferma si tratti

---
[100] Cfr. T. Vitale, op. cit. p. 195; A. Galdi, op. cit. p.86.

di Bartolomeo), volle segnalare il desiderio della Chiesa e del popolo arianese di accogliere il corpo di Ottone nella cattedrale, che avvenne con solenne cerimonia. «Ed ecco una solenne traslazione ed elevazione del suo corpo, che secondo l'antica disciplina era il primo atto che dava cominciamento al Culto de' Santi»[101].

A comprovare l'antichità del culto di sant'Ottone vi sono anche i fatti legati alla traslazione del corpo del Santo in Benevento intorno al 1220, per metterlo al sicuro dalle incursioni saracene di Lucera. L'attenzione e i timori riposti dal popolo e dalla Chiesa arianese di un'eventuale sottrazione del corpo del Santo, è un forte segnale di devozione e del culto che già veniva praticato nei confronti dell'eremita loro patrono.

Nell' "Antico Officio di S. Ottone" [*Hymnus de Sancto Othone* - BHL 6391 edito negli *Acta Sanctorum* dai Bollandisti, vedi nota n. 66] non viene contemplata la traslazione del corpo del santo, che di per sé è un fatto molto rilevante per chi praticava comunque il culto di un santo, per cui non essendo trattato tale argomento è da ritenere che l'"Officio" sia stato composto prima del 1220, data presunta della traslazione innanzi accennata.

Difatti dai versi degli Inni riportati nell'"Antico Officio", sant'Ottone viene esaltato come *"Urbi succurrere propriae in qua quiescis corpore"*[102]: il Santo viene invocato sapendo che il corpo riposa ancora in Ariano.

Acclarato, quindi, che fosse stato dato pubblico religioso culto a sant'Ottone già subito dopo la sua morte, anche in applicazione delle disposizioni papali (Adriano) e delle indicazioni sulle strutture delle

---
[101] I. Potenza, *Memorie Ottone eremita*, op. cit., p. 137.
[102] I. Potenza, *Memorie Ottone eremita*, op. cit., p. 132-134.

pratiche liturgiche (Concilio Laodiceno), era consequenziale che fosse stato istituito anche l'Officio Ecclesiastico da recitare in onore del Santo.

L'antico uffizio che si recitava nelle feste di questo Santo sarebbero state composte, quindi, tra il XII e XIII secolo[103], prima che il sacro corpo fosse portato a Benevento.

L'Antico Officio di S. Ottone, *"Vita ex Officio et Lectionibus propriis"*, è composto da Inni, Antifone, Versetti, Responsorii e nove capitoli corrispondenti alla storia del con la seguente apertura: «*Inclitus itaque Vir Domini Otho, ut nunc auribus est intimatum, Romae extitit natus atque nutritus*»[104].

Per questi motivi «Il detto antico Officio che tali Atti contiene, divien per noi il più fedele e il più autorevole monumento intorno alle sue [Ottone] memorie»[105].

3.6 Le tre profezie di sant'Ottone

Il notaio arianese Scipione de Augustiniis, autore delle memorie manoscritte nel sec. XVI *"Descrittione d'Ariano città della provintia di principato ulteriore"*, riporta le tre profezie sulla Città di Ariano attribuite a sant'Ottone; le "Memorie" di Scipione de Augustiniis sono rimaste manoscritte fino alla pubblicazione avvenuta da parte di G. Stanco, *L'Amor infinito ch'alla Patria si deve* (2008).

---

[103] G. Stanco, *L'Amor infinito ch'alla patria si deve*, op. cit., p. LXXXVIII.
[104] I. Potenza, *Memorie Ottone eremita*, op. cit., p. 103. [L'inclito Uomo del Signore, Ottone, come ora è stato ricordato nacque e visse a Roma].
[105] I. Potenza, *Memorie Ottone eremita*, op. cit., p. 115.

Scipione fa riferimento a «tre casi verdatieri come successi et occorsi le sono della istessa scrittura ritrovata di sua mano scritta, profetizzati in spirito»[106]; si tratta degli eventi previsti e narrati nella "Vita" apocrifa di s. Ottone datata 1181 che, ricordiamo, lo stesso notaio aveva provveduto a certificarne il deposito il 18 maggio 1585 da parte del vescovo Alfonso de Ferrera, «riposta con molte altre Reliquie dentro il maggiore Altare della Cattedrale di Ariano» (Cfr nota n. 67).

Le profezie di Ottone sono poste tra verità, perché la loro costruzione è basata su eventi ben individuabili nella storia della città, e invenzione, per cui il falso agiografico [non ancora accertato come tale] risulta di facile elaborazione da parte del suo autore, offrendo, tuttavia, alla comunità un tesoro da ostentare e preservare gelosamente, giacché ignara dei futuri sviluppi sulla vicenda.

La prima afferisce ad **una pioggia di pietre sui Saraceni** che avevano posto d'assedio la città, i quali si erano accampati "in un monte detto del Castiglione lungi dalla città non per un miglio intiero", che tradizionalmente viene ancorata agli anni tra il 1175 e 1190; la città viene liberata dall'assedio «in uno istante sopra di quei Saraceni si videro nell'aria nubi densissime, le quali gli occuparono a fatto la luce del sole et con grandissimi tuoni e lampi cominciarono a cader sopra di detti Sarraceni tanti lapidi di vera materia di pietra senz'acqua»[107].

[vedi *infra*: *Miracoli post mortem*]

La seconda profezia riportata nella "Vita di S. Ottone" cui fa riferimento Scipione de Augustiniis riguarda **il sisma avvenuto il 5 dicembre 1456**, così ce la presenta lo scrittore: «che essendo li

---

[106] G. Stanco, *L'Amor infinito ch'alla patria si deve*, op. cit., p. 15: «... Cotesto Santo Protettore di questa città, alla quale predisse tre casi verdatieri come successi et occorsi le sono della istessa scrittura ritrovata di sua mano scritta, profetizzati in spirito»
[107] G. Stanco, Idem, p. 63.

Arianesi dediti tutti alli vitij et discordevoli delli beneficij dalla Divina M(aes)tà ricevuti, et nell'ira sua incorsi, sarebbon stati puniti con li altri cattivi, et rei co'l terremoto della Terra quando nel Regno di Napoli dominasse un Principe venuto dalle parti del Ponente et così à punto li succese come in testimonio di ciò si sono citate le parole di Pio secondo Pontefice qual dice, che Ariano fu quasi dal Terremoto in sin dai fundamenti abbattuto»[108].

Il re, a cui feceva riferimento il de Augustiniis, era Alfonso I d'Aragona a capo del regno di Napoli dal 1441 al 1458, mentre il pontefice era Pio II, ossia Enea Silvio Piccolomini (1458-1464). Il sisma, verificatosi nella notte del 5 dicembre 1456, sconvolse tutta la terra campana, provocando danni ingenti e moltissime vittime, replicando le scosse fino al 30 dicembre[109].

La terza profezia fa riferimento ad un **saccheggio dei primi anni del 1500** portato a compimento dalle truppe francesi al servizio di Odet de Foix, visconte di Lautrec: «quando saranno i Francesi nel Regno, sarà la Città mandata a sacco, et posta in Ruina dagli Amici Imperiali traditamene»[110], perché prima furono "albergati" come amici e poi i Francesi si rivolsero contro gli Arianesi saccheggiando "ogni cosa in abbottino".

In parte tale violenza fu risparmiata per un intervento prodigioso di S. Ottone, come ci racconta il de Augustiniis: «Ma andando i più vecchi Prelati della città in habbito Sacerdotale con il Braccio Santo Reliquia di questo Glorioso Otone Protettore di essa con le altre Reliquie Sante a supplicare i Capi dell'esercito, che volessero far desistere dalla

---

[108] G. Stanco, Idem, p. 65.
[109] G. Stanco, idem, p. 66: "Secondo il Capozzi morirono 1313 persone".
[110] G. Stanco, Idem, p. 67; [111] G. Stanco, Idem, p. 68.

cominciata preda, et sacco, [...] attribuendosi ancora alle intercessioni dell'istesso santo suo Protettore, a tempo che detti Ministri in piede coadunati nella chiesa Vescovale, standono a fare Consiglio sopra di ciò si udì una voce dire (senza accorgersi chi fusse) queste parole: Questo non è serviggio ne di Dio, ne di sua Maestà. Et così espressamente comandarono che affatto si ritirassero dal predare i soldati, i quali ricevuta poca summa di dinari per comodità dell'essercito si partirono da Ariano»[111].

Con l'intervento del Santo protettore, quindi, il tutto si risolse solo con un danno economico per i soldi sborsati dagli Arianesi.

3.7 Conclusioni

Sia i numerosi prodigi, gli episodi, gli atti di fede[112] e gli aneddoti legati a sant'Ottone ripetutisi nel corso dei secoli, sia le iniziative da parte dei vari vescovi di Ariano (Orso de Leone, Nicola de Hippolitis, Diomede Carafa, Card. Ottavio Ridolfi, Andrea D'Agostino) che si sono prodigati per riedificare la cattedrale o per ristabilire il decoro della cappella dopo i terremoti, con lo scopo di rendere disponibile il

---

[111] G. Stanco, Idem, p. 68.
[112] Un atto notarile del 23 agosto 1528 rogato dal notaio Lucio Greco, alla presenza di autorità civili e religiose, fu fatto redigere per confermare un solenne voto per scongiurare la peste, con l'impegno a versare dodici ducati l'anno in perpetuo e un cero bianco: «Nel giorno 23 del mese di agosto, prima indizione, 1528, nella Città di Ariano [...] attestiamo che davanti a noi giudice, notaio e testimoni [...] e al Reverendissimo Signore Diomede Carafa di Napoli, benemerito Vescovo della Città di Ariano, hanno espresso a viva voce che la Città di Ariano da circa cinque mesi è travagliata, come lo è tuttora, da una terribile epidemia pestilenziale [...] a tal punto è circondata dalla peste che non può né potrà mai contrastarla e respingerla con la forza dell'umano ingegno, ma solo con l'aiuto e il potere della divina provvidenza. Mossi da questa considerazione eletti e cittadini [...] per recuperare la salute, umili e supplichevoli davanti all'immagine del Santissimo Ottone eremita, patrono della Città [...] si sono recati in preghiera presso il medesimo S. Ottone affinché, con la sua intercessione, la divina maestà di Dio si degnasse di scacciare dalla città il morbo epidemico [...] e perciò hanno promesso in voto dodici ducati in carlini d'argento [...]». Cfr. D. D. Minelli, *La Basilica Cattedrale di Ariano Irpino*, op. cit. p. 251.

luogo di culto privilegiato degli Arianesi per il Santo patrono, documentano il profondo legame che ha unito il popolo di Ariano a s. Ottone per oltre otto secoli.

Credo che la devozione nei confronti del Santo patrono da parte degli Arianesi, si rispecchi nelle motivazioni che Mons. D'Agostino adduce a conclusione della sua opera "S. Ottone Frangipane protettore di Ariano di Puglia": «Non a pascere una vana curiosità, o a dare uno sterile piacere son destinate le vite dei Santi, ma per edificare le anime cristiane, eccitando in loro vera divozione, la quale principalmente consta di fiducia nella protezione dei Santi amici di Dio, d'imitazione delle loro splendide virtù, di onoranza ch'essi meritano e che i fedeli loro debbono».

CAPITOLO IV

Sant'Elzeario de Sabran e Beata Delfina de Puimichel, i conti di Ariano compatroni della città

Nota introduttiva al capitolo.
Delphine de Signe ed Elzéar de Sabran sono da sempre venerati in Provenza: la prima come Beata e il secondo come Santo, la cui canonizzazione ha avuto luogo appena quarantasei anni dopo la sua morte avvenuta il 27 settembre 1323. La storia di questi personaggi, che inizia nel XIII secolo, è legata a Puimichel e al suo castello, che costituisce il luogo in cui vivranno i momenti più significativi della loro vita, caratterizzata dal voto di castità di entrambi e dalla dedizione ad opere caritatevoli e di misericordia a favore dei poveri e dei bisognosi, in particolar dei lebbrosi.

I coniugi hanno trascorso alcuni anni della loro esistenza ad Ariano nei primi anni del '300, in quanto Elzeario ne aveva ereditato il titolo di conte alla morte del padre, Ermengaud. Per questo legame la Chiesa ha affidato la protezione del popolo di Ariano a sant'Elzeario e alla beata Delfina, eleggendoli compatroni della Città.

4.1 La santità nel Medioevo
Nei secoli XII e XIII si assiste ad un altro importante fenomeno di santità, quella laica, che sèguita gli altri tipici di cui si è avuto modo di trattare in precedenza, ossia quella martiriale *in primis*, e poi quella

del vescovo o del monaco, tutti appartenenti ad un mondo legato ad uno stile di vita consacrato. Il fenomeno di santità laicale ha accusato un ritardo nei secoli precedenti, forse perché all'interno della Chiesa vi era una tendenza a disprezzare la condizione laicale ovvero per le ingerenze esercitate ai suoi danni dai poteri monarchici e feudali.

Alcuni eruditi della Chiesa del tempo consideravano i laici, da un lato, quali esseri carnali che vivevano stretti nel vincolo matrimoniale, assorbiti dagli affari temporali e incapaci di elevarsi al di sopra dei loro desideri istintuali; dall'altro, in contrapposizione, gli esseri spirituali, i quali avevano scelto il celibato, votandosi alla contemplazione ed al servizio divino.

In questa prospettiva il santo non poteva che identificarsi con il monaco il quale, in virtù del suo ascetismo e della sua verginità, era l'essere più distaccato dai beni di questo mondo e dalla vita carnale, mentre in opposta condizione vi erano i laici, impegnati nella pratica della guerra, in cui inevitabilmente veniva versato del sangue, nelle relazioni sessuali - anche se consumate all'interno del matrimonio legittimo, e nell'uso smodato del denaro[113].

Un aspetto che va considerato, che contribuì ad accentuare ulteriormente la posizione di svantaggio dei laici rispetto ai chierici, è da ricercare nella rinascita della cultura dotta che vide i monasteri e le scuole delle cattedrali divenire centri di produzione letteraria estremamente fecondi, che si basavano sulla conoscenza del latino, suo strumento espressivo: chi non conosceva questa lingua, vale a dire la quasi totalità dei laici, si trovava di fatto escluso dal mondo della scienza e della conoscenza.

---

[113] A. Vauchez, *Esperienze religiose nel Medioevo*, Roma, Viella, 2003.

Del resto gli stessi laici erano convinti di essere dei peccatori e si sforzavano di rimediare a questa loro condizione, o legandosi *in extremis* ad un ordine religioso di cui rivestivano l'abito in punto di morte, o mettendosi al servizio dei monaci come servitori o fratelli conversi, per poter beneficiare nell'aldilà delle loro preghiere.

Ricercare le cause di tale trasformazione, attribuendo il merito esclusivo a san Francesco d'Assisi e agli Ordini Mendicanti, non apparirebbe corretto. Ci interessa, piuttosto, sottolineare le ripercussioni significative che l'evoluzione in questione ebbe sulla santità laica.

Dopo un lento processo di trasformazione graduale e continuo, tuttavia, da lì in avanti l'idea della santità entra maggiormente nell'orizzonte concettuale che potesse essere comune a tutti gli uomini, popolare, e non incompatibile con l'impegno nel mondo, esaurendo quella percezione che la santità appartenesse solo all'elitismo iniziale.

Prende avvio in questi secoli una spiritualità e una santità laicale che ha consentito, poi, nei tempi moderni, di guardare la santità anche oltre l'orizzonte del matrimonio ovvero aprendo all'idea di santificazione anche nel mondo del lavoro. Ecco, da qui, la straordinaria importanza delle opere, degli interventi gratuiti di carità, di assistenza ai bisognosi, di educazione, tutti tipicamente di appannaggio dei laici, che appaiono come ideali che hanno dato la possibilità di perfezione; sono gli stessi ideali di vita che hanno accompagnato l'esistenza di sant'Elzeario e della beata Delfina di cui parleremo più avanti.

4.2 Le fonti

Sant'Elzeario *de Sabran*, conte di Ariano, e la sua sposa la beata Delfina *de Puimichel*, contessa di Ariano, originari dell'Occitania[114] nel sud della Francia, hanno vissuto tra la fine del secolo XIII e la prima metà del secolo XIV, per cui non vi sono molti testi agiografici contemporanei che testimoniano i fatti legati alla loro esistenza; tuttavia quelli che ci sono pervenuti sono sufficienti a ricostruire adeguatamente i fatti legati alla loro esistenza e risultano estremamente significativi dal punto di vista agiografico[115].

Nella regione natìa dei nostri sant'Elzeario e beata Delfina, nel Medioevo era particolarmente viva la lingua *d'oc*, una lingua armoniosa piena di assonanze con le lingue viciniore: la lingua *d'oil*, il Castigliano e il volgare della nuova lingua italiana, per cui ci sono pervenuti testi agiografici sia in latino sia in provenzale.

La "*Vita latina*" sarebbe stata composta dopo il 1369 ad opera di fr. Philippe de Riez[116], pubblicata successivamente negli *Acta sanctorum, septembris*, T. VII.

La "*Vie occitane*", redatta da un chierico originario della regione degli Albi negli ultimi decenni del XIV sec., basata sulla *Vita latina* e la tradizione orale, (secondo quanto riporta Jacques Cambell nelle *Vies*

---

[114] L'Occitania non è una regione politica, ma un'area geografica contraddistinta, in modo particolare nel Medioevo, da una lingua comune: *langue d'oc*, o provenzale, rispetto alla *langue d'oil* che si parlava nel nord della Francia; comprendeva la Provenza, la Guascogna, il Limosino, l'Alvernia, la Linguadoca e il Delfinato.

[115] Cfr. Pierre André Sigal, *Provence historique*, 1999: Delfina di Puimichel, sposa di Elzeario de Sabran, conte di Ariano, oggi è ben conosciuta grazie ai lavori svolti da Jaques Cambell e André Vauchez; il primo, dopo la *Vie occitane* di questa santa, ha pubblicato nel 1978 il suo processo di canonizzazione (15 maggio – 18 ottobre 1363), il secondo ha studiato, grazie a questo processo, gli aspetti caratteristici della santità di Delfina e del suo sposo Elzeario, attraverso i racconti di sessantotto testimoni.

[116] J. Cambell, *Storia d'amore e di vita, Vite occitane di S. Elzeario e della B. Delfina*, testo francese di Jaques Cambell, versione italiana a cura di d. D. Minelli, Ariano, Lucarelli, 2002, p. III.

occitanes)[117], si conserva a Parigi presso la *Biblioteque Nationale Française* (*rep.* 13504, *anc. Supplém. Fr.* 5413).

I citati documenti agiografici, nel corso degli anni, sono stati oggetto di ulteriori pubblicazioni[118], i cui autori in buona parte hanno plagiato le opere precedenti; tuttavia se ciò non ha compensato la penuria di documenti originali, hanno senz'altro contribuito ad arricchire il panorama storico intorno ai santi coniugi con ulteriori aggiunte, informazioni e trascrizioni, che altrimenti sarebbero andate perdute.

Ci sono pervenuti, inoltre, diversi documenti storici afferenti alla vita politica di sant'Elzeario (*Saint'Elzéar* o *st-Auzias,* come veniva chiamato nella lingua occitana), sia perché discendente da famiglia nobile provenzale, i *de Sabran*, sia perché imparentato con la famiglia dei regnanti dell'epoca, gli Angioini (negli atti comitali o reali degli Angioini è definito "cugino" dei sovrani napoletani), che contribuiscono a ripercorre le fasi della vita del Santo, legata agli incarichi presso il re di Napoli Roberto d'Angiò, o alla nomina di "giustiziere" dell'Abruzzo Citeriore, nonché alla carica di conte di Ariano ereditata con la morte del padre.

Significativo, tra le varie riedizioni, è il testo pubblicato dalla marchesa De Forbin d'Oppède[119] che, oltre a riprendere le varie fonti (latina, provenzale e francese), vi ha inserito anche dei brevi sommari

---

[117] A. Vauchez, *Dizionario biografico* in Treccani.
[118] Tra i vari autori ricordiamo : J. Cambell, a cura di D. Minelli, op. cit.; A. Vauchez, «*Elzéar et Delphine ou le mariage virginal*», dans *Les Laïcs au Moyen Âge. Pratiques et expériences religieuses,* Paris, 1987; J. Raphael, *Sant'Elzeario de Sabran, conte di Ariano, confessore e vergine,* Parigi, Trepperel, 1507; P. Eberard, *Beata Delfina di Puimichel, contessa di Ariano, sposa di Elzeario,* Parigi, Trepperel, 1507; Roselyne de Villeneuve-Bargemon, marchese de Forbin d'Oppède (1884), op. cit. ; P. Girard, Paris, 1912;
[119] De Forbin d'Oppède, *La Bienheureuse Delphine de Sabran et les saints de Provence au XIV siècle*, Paris, Plon, 1883.

afferenti al **processo di canonizzazione** del 1363[120] ed al **testamento** che s. Elzeario fece il 18 luglio 1317, depositandolo presso il notaio *Cornille à Toulon*[121], prima di imbarcarsi per Napoli, temendo possibili pericoli durante la navigazione e il suo soggiorno in Italia, «*elle était encore suggérée à Elzéar par une sorte de pressentiment que sa vie serait courte*»[122].

4.3 La vita di sant'Elzeario de Sabran (Saint'Elzéar)

Sant'Elzeario de Sabran nacque nel 1285 a *Robians*, vicino al castello di *Ansouïs*, piccolo villaggio della Provenza. Suo padre Ermengaud era conte di Ariano, barone *d'Ansouïs* e signore di molte altre terre nella valle della *Durance* e a sud di *Apt*; sua madre Laudune d'Aube, signora di *Roquemartine*, era chiamata la "*Bonne Comtesse*" per le opere caritatevoli a favore dei poveri.

Il suo nome, *Auzias* in provenzale, *Elizarius* o *Elziarius* in latino, non era molto diffuso all'epoca, ma esisteva già nella famiglia aristocratica provenzale dei Sabran, molto considerata alla corte di Francia anche per i legami familiari che intercorrevano con la casata degli Angioini.

Una volta incinta, la madre avvertì un forte cambiamento interiore, accompagnato da desideri di opere di devozione e di pietà, tal che quando nacque Elzeario l'offrì devotamente a Dio, supplicandolo di accettarlo come servo e, se fosse nato per offenderlo vivendo nei vizi e nel peccato, di chiamarlo a sé subito dopo il battesimo[123].

---

[120] Papa Urbano V, figlioccio di Elzéar, esaminò con benevolenza la pratica del proprio padrino, che venne da lui canonizzato a Roma il 15 aprile 1369.
[121] De Forbin D'Oppède, idem, p. 238
[122] De Forbin d'Oppède, idem, p. 191.
[123] De Forbin D'Oppède, idem, p. 23: «*dicte dame Laudune, dit le Frère Raphaël, l'offrit et présenta à Dieu, lui priant et suppliant que ce fust son plaisir lui donner sa grace et le faire vivre en son obeissance et de sa sainte Église; ou s'il voyoit qu'il deust estre desplaisant ou mesprisant ses commandemens et vivre en vices et pechez, le voulust oster de ce monde avant qu'il partist hors de l'estat et aige d'ignoscence; à ceste fin qu'il n'encourist la damnation eternelle*».

Questo voto fu esaudito, ma la madre di Elzeario non ebbe la consolazione di vederlo compiuto, poiché Laudune morì quando il figlioletto aveva appena sette anni.

Il padre di Elzeario, Ermengaud, dopo la morte della moglie, Laudune d'Aube, si risposò con Elise des Baux, da cui ebbe due figlie e un maschio, Guillaume.

Compiuti i tre anni già mostrava grande pietà per i poveri; la nutrice lo portava fuori casa ed Elzeario si rifiutava di proseguire nel cammino se ella non avesse dato prima l'elemosina ai poveri che incontravano; cosicché la balia era costretta a ritornare sui suoi passi a prendere del pane per soddisfare le sue insistenze[124].

All'età di cinque anni desiderava che a tavola si sedessero i fanciulli che erano venuti a giocare con lui, pregando i giovani della casa di servire loro il necessario.

Alla morte della madre Elzeario, nella primissima infanzia, venne allevato da Gersende Alphant, donna piissima, compagna e amica per dieci anni della madre, la cui influenza l'avrebbe molto segnato sia sul piano morale sia su quello religioso.

Suo padre Ermengaud ricevette da Carlo II d'Angiò[125], nel 1293, l'investitura della contea di Ariano per cui dovette partire per l'Italia, pertanto Elzeario venne affidato a Guglielmo de Sabran, suo zio e padrino, allora abate del monastero benedettino di san Vittore in

---

[124] N. Lelii, *Vita del Santo Conte Elzeario, che visse in perpetua verginità con Delfina sua sposa*, Roma, Cavalli, 1627, p. 9: «non avendo anco compito tre anni, gli mostrava un volto allegro quando si incontrava in essi ed essendo portato in braccia dalle balie, vedendo alcun povero si fermava, né voleva esser portato avanti se prima non si faceva la carità al povero che lo mirava con gusto. Non dandogli l'elemosina si metteva a piangere né cessava se prima non fosse stata data l'elemosina; per questa causa le balie portavano sempre seco qualche cosa per poterle dare a' poveretti e per dar gusto a questo fanciulletto».
[125] Carlo II era figlio di Carlo I d'Angiò, al quale si deve la rinascita di Ariano con la ricostruzione della città e la riapertura della Cattedrale (1269), dopo la distruzione avvenuta ad opera delle truppe di Manfredi la notte del 5 aprile 1255. Nell'occasione Carlo I d'Angiò donò due SS. Spine della Corona di Cristo, che si custodiscono in un artistico reliquiario d'argento del sec. XVI.

Marsiglia, il quale lo iniziò probabilmente al disprezzo del mondo e alla spiritualità monastica[126].

Elzeario aveva già ricevuto una formazione incline alla pietà da parte di Gersende Alphant, per cui destava meraviglia al monastero quando invitava i religiosi a recitare i santi uffizi, ma soprattutto per l'ardente desiderio di dare la sua vita per Gesù Cristo[127].

Tuttavia, alla fine del 1295, Elzeario all'età di dieci anni, per volontà di Carlo II, venne fidanzato a Delphine de Signe, signora di *Puimichel*, che aveva all'epoca dodici anni. L'unione era ben accetta alle due famiglie per ragioni patrimoniali, poiché la sposa era l'ereditiera di un discreto numero di signorie nella parte centrale della valle della *Durance*, vicino a *Manosque* e a *Forcalquier*, territori vicini ai domini dei Sabran.

Buona parte degli storici sono concordi che il fidanzamento fu celebrato con una grande cerimonia a Marsiglia alla presenza del re, della regina e di tutta la corte, verso la fine del 1295, il giorno della festa di s. Cecilia[128].

Il matrimonio fra i due giovani fu celebrato a *Puimichel* nel 1300, quando Elzeario aveva tredici anni e Delphine ne aveva quindici. Delphine, come Elzeario, era rimasta orfana in giovane età ed era cresciuta in un monastero, era però, profondamente attaccata alla

---

[126] A. Vauchez, idem.
[127] De Forbin d'Oppède, idem, p. 29 : «*Elzéar, que les leçons et les prières de Garsende avaient déjà formé à la piété, édifiait les religieux par son zèle à réciter l'office divin et sa tendre dévotion. Il avait surtout un ardent désir de donner sa vie pour Jésus-Christ, et de mourir comme le devait souhaiter un bon chevalier chrétien, en combattant les infidèles pour leur arracher le tombeau du Christ*».
[128] De Forbin d'Oppède, idem, p. 41: «*Envoya ledict roy, dit «le Frère Raphaël, aux parens de la damoiselle que lon luy amenast, car il luy vouloit donner Aulzias de Sabran... Cy fust fait le commandement du Roy et amenée la dicte damoiselle estant en l'aage de XII ans et ledit en l'aage de X, en la cité de Marseille et fut faicte promesse, entre les parens d'une chascune partie, de mariage, present ledict roy et reyne*». [l'editto in lingua francese presenta alcune terminologie provenzali]

verginità, pertanto accettò il matrimonio col fermo proposito di non acconsentire all'unione carnale nella vita coniugale[129].

Quando si trovarono soli nella loro camera, si abbandonarono a sante conversazioni e devote preghiere, dormendo poco la notte e senza rapporti coniugali. «Dalla testimonianza unanime di tutti i testimoni ascoltati al processo di canonizzazione, si afferma che per ventisette anni, al di là dei viaggi e delle spedizioni di Elzeario durante i quali erano necessariamente separati, condividevano la stessa camera e lo stesso letto, perché erano costretti a tenere nascosto il loro segreto agli occhi di tutti, per non suscitare la collera dei loro parenti»[130], ma con l'aiuto della grazia divina si mantennero sempre vergini di mente e di corpo e fedeli nella loro consacrazione[131].

Dal 1307 al 1310 vissero nel castello di *Ansouïs* e di *Puimichel*, dove condussero una vita pia ed edificante. Elzeario cominciò a governare, fondando il suo mandato sull'amore e il timore di Dio ed impartendo ai familiari ed ai suoi sudditi un insieme di direttive che faceva osservare anche con la dovuta fermezza.

È a questi anni, quindi, che risalgono probabilmente le *Coutumes* (o statuti) per la signoria, che costituivano un vero e proprio programma di vita religiosa e morale ad uso di tutti i residenti nella casa e nelle loro terre, facendoli pubblicare nelle *places publiques de ses villages* [D'Oppede p. 87], da alcuni tramandati *sous le nom des dix commandements d'Elzéar* [89-92].

---

[129] A. Vauchez, idem.
[130] De Forbin d'Oppède, idem, p. 44. «*Le témoignage unanime de tous les témoins entendus dans le procès de canonisation, durant vingt-sept ans, lorsque les voyages et les expéditions militaires d'Elzéar ne les séparaient pas, ils partagèrent la même chambre et le même lit. Car ils étaient obligés de cacher à tous les yeux le secret de leur vie, afin de ne pas exciter la colère de leurs parents*».
[131] J. Cambell, a cura di D. Minelli, idem, p. 4.

Nei *Coutumes* ordinava e stabiliva[132]:

> I - Nessuno dei miei sudditi o abitante delle mie terre si permetta di bestemmiare, perché secondo quello che diciamo attiriamo la benedizione di Dio su di noi, procurandoci il favore delle sue grazie divine, mentre gli spergiuri, le menzogne ed ogni parola esecrabile, attirano su di noi la collera di Dio a scapito dei nostri corpi e delle nostre anime.
> II - Vogliamo affermare la devozione alla Madre di Dio su tutte le nostre terre, voglio che tutti i miei sudditi la prendano come loro patrona (…); voglio che tutti i miei sudditi ascoltino ogni giorno la messa e assistano all'ufficio divino, altrimenti saranno castigati dai miei ufficiali giudiziari.
> III - Ordino di vivere onestamente e castamente sulle mie terre, e che si perseguitino i lussuriosi e i fornicatori; che se si commette qualche adulterio, i colpevoli siano, la prima e la seconda volta, pubblicamente avvertiti, e che la terza volta siano severamente puniti e banditi.
> IV - Voglio che le grandi feste dell'anno: Pasqua, Pentecoste, Ognissanti e Natale, siano celebrate dappertutto con grande solennità, che tutti si confessino, o almeno non lascino trascorrere due di queste feste senza confessarsi o comunicarsi.
> V - Affinché non sia incoraggiata la pigrizia, comando ai miei ufficiali a non dare il grano a coloro che abusino di questa elemosina per non fare niente (…).

---

[132] De Forbin d'Oppède, idem, p. 89-92:
I - *Qu'aucun de mes sujets, habitant de mes terres, etc., ne se permette quelque blasphème que ce soit; car tout ainsi que les louanges que l'on donne à Dieu attirent sur nos têtes ses bénédictions et nous procurent l'avantage de ses divines grâces, les parjures, reniements, et toutes ces paroles exécrables qui tiennent plus du langage de l'enfer que du monde, attirent sur nous la colère de Dieu, au détriment de nos corps et de nos âmes.*
II - *Voulant affermir la dévotion à la sainte Mère de Dieu sur toutes mes terres, je veux que tous mes sujets la prennent pour leur patronne (...); je veux que mes sujets entendent la messe ces jours-là et assistent à l'office divin, sous peine d'être châtiés par mes officiers de justice.*
III - *Je commande à ceux-ci devoir grand soin que l'on vive honnêtement et chastement sur mes terres, et qu'on en chasse les luxurieux et les impudiques; que s'il se commet quelque adultère, les coupables soient, la première et la seconde fois, publiquement avertis, et que la troisième fois, ils soient sévèrement châtiés et banni.*
IV - *Je veux que les grandes fêtes de l'année: Pâques, Pentecôte, Toussaint et Noël, soient célébrées partout avec grande solennité, que tous se confessent, ou du moins ne laissent point passer deux de ces fêtes sans se confesser et communier.*
V – *Afin que ne soit pas un encouragement à la paresse, je commande expressément à mes officiers de ne donner point de blé à ceux qu'ils reconnaîtront abuser de cette aumône pour ne rien faire (...).*

VI – Sono ammesse le riunioni che si fanno nelle taverne, purché non vi si offenda Dio con grandi bestemmie e non vi si litighi.

VII - Che ognuno conservi la pace ed eviti accuratamente liti, dibattiti, insulti, che sono più della natura dei demoni che gli uomini ragionevoli.

VIII - Se si inizia qualche litigio, che il giorno non passi senza riconciliazione. È il precetto del Vangelo che ci raccomanda che il sole non tramonti sulla nostra collera, la paura che durante la notte il nostro nemico, sempre vigile, non approfitti dei nostri turbamenti.

IX – Comando espressamente che i giorni di festa e gli altri giorni in cui si prega nelle chiese, tutti gli abitanti del villaggio assistano alla predica che è il vero nutrimento delle nostre anime. Se durante la predica vi sono persone che camminano per le strade, siano imprigionate e punite per la loro mancanza di zelo per la salvezza delle loro anime.

X – Nessuno dei miei sudditi faccia torto al suo prossimo, né verso i suoi beni né nel suo onore, ma che si onorino l'un l'altro, come devono fare i cristiani che portano tutti i segni di Gesù Cristo che hanno ricevuto nel battesimo e destinati a vivere insieme per sempre in paradiso.

Dopo la morte di Carlo II d'Angiò nel 1309 e l'ascesa al trono di Sicilia del figlio terzogenito Roberto, Elzeario venne chiamato a succedere al padre, morto nel 1310, come conte di Ariano. Lasciata Delphine in Provenza, egli dovette lottare tre anni per imporre la sua autorità in questa città che, trattata con durezza da suo padre

---

VI - *Je défends les assemblées qui se font dans les tavernes, parce que Dieu y est ordinairement offensé par de grands blasphèmes, et qu'il s'y engendre toute sorte de querelles.*

VII - *Que chacun conserve la paix et évite avec soin les querelles, les débats, les injures, qui tiennent plus de la nature des démons que de celle des hommes raisonnables.*

VIII – *Que si néanmoins il s'élève quelque querelle, j'entends que le jour ne se passe pas sans qu'il y ait réconciliation. C'est le précepte de l'Évangile, qui nous recommande de ne pas laisser le soleil se coucher sur notre colère, crainte que durant la nuit notre ennemi, qui veille toujours, ne tire avantage de nos désordres.*

IX – *Je commande expressément que les jours de fête et autres jours où l'on prêchera dans les églises, tous les habitants du village assistent à la prédication qui est la vraie nourriture de nos âmes. Que si pendant le sermon, on rencontrait des personnes se promenant par les rues, qu'elles soient emprisonnées et châtiées de leur peu de zèle pour le salut de leur âme.*

X - *Qu'aucun de mes sujets ne fasse tort à son prochain, ni dans ses biens ni dans son honneur, mais qu'ils s'honorent l'un l'autre, comme doivent le faire des chrétiens qui portent tous les marques de Jésus-Christ qu'ils ont reçues dans le baptême et qui sont destinés à habiter éternellement ensemble dans le paradis.*

Ermengaud, mal sopportava la dominazione angioina[133].

Nel 1312, nel momento in cui la discesa in Italia di Enrico VII risvegliò le lotte tra guelfi e ghibellini, Elzeario si unì all'esercito di re Roberto con il contingente di 25 cavalieri e 50 fanti forniti dalla contea di Ariano[134]. In seguito, quando il partito angioino ebbe definitivamente la meglio nel 1313, Elzeario partì alla riconquista di Ariano, che aveva approfittato dei disordini politici per ribellarsi nuovamente[135]. Filippo di Taranto, fratello di re Roberto, aveva intenzione di domare la ribellione con una forte repressione, diceva: *"je serai bien réduire cette canaille à son devoir"*[136], ma il santo conte, dimenticando i torti della città, si oppose fermamente dicendo di non voler dar inizio al "suo governo massacrando il popolo, altrimenti anziché diventare il loro signore, diverrebbe il nemico dei suoi vassalli, ritenendo che per guadagnare la loro stima sarebbe stata cosa migliore la dolcezza"[137].

Elzeario non poteva lasciare l'Italia perché gli obblighi connessi alla carica di *maître justicier* richiedevano necessariamente la sua presenza sul posto, così pensò di far venire Delfina in Italia, la quale raggiunse il conte in Ariano nel mese di maggio 1314. Elzeario non reagiva alle offese, andava a fare visita al nemico di suo padre ed omaggiarlo con delle vesti in segno di amicizia, non dava mai segni di collera né di

---

[133] L'ostinazione iniziale verso il conte Elzeario da parte del popolo di Ariano, non era una forma di avversione alla persona, ma era una manifestazione di intolleranza secolare, in quanto il popolo ha sempre assunto una posizione filo-papale, mal sopportando l'assoggettamento a conti o baroni, ma solo quella del regnante di turno. Tra i vari episodi si ricorda quello del 1585 quando Ariano si riscattò dal regime feudale dei Loffredo sborsando 75.150 ducati, divenendo così Città Regia, dipendendo direttamente dal re di Napoli.
[134] A. Vauchéz, Dizionario biografico in Treccani, op. cit.
[135] A. Vauchéz, Dizionario biografico in Treccani, op. cit.
[136] M. l'Abbé Boze, *Histoire de saint Elzéar et de sainte Delphine*, Avignon, S. Ainé, 1821, p. 19.
[137] M. l'Abbé Boze, op. cit., p. 20. : «*mon gouvernement par des massacres et que je sois l'ennemi de mes vassaux, avant d'en être le seigner! Pour moi je pense qu'il vaut mieux les gagner par la doucer*».

impazienza; questo atteggiamento verso i vassalli da parte di Elzeario suscitava incredulità e ammirazione da parte di Delfina, ritenendo, tuttavia, che non sarebbe stata una cattiveria manifestare risentimento nei confronti di chi lo perseguitava ingiustamente. Non ascoltava i suoi consiglieri e li eludeva per andare a confortare i lebbrosi, dicendo loro che potevano assicurarsi la felicità nel cielo con le sofferenze patite sulla terra[138].

«Ad Ariano, come ad Ansouïs o a Puimichel, i poveri non erano dimenticati. Non contenti di aiutarli con delle elemosine, Delfina ed Elzeario gli rendevano personalmente dei servigi. Il giovedì santo lavavano i piedi ad alcuni di loro e poi li servivano a tavola»[139].

«E se qualche malato era più sfigurato rispetto agli altri, ed i suoi compagni, per il quale era stato oggetto di disgusto, lo avevano costretto a stare lontano, il giovane conte gli andava vicino e lo baciava; «la leggenda dice che nello stesso momento il lebbroso era guarito»[140].

L'estrema mansuetudine non escludeva di attendere con fermezza al suo dovere di 'giustiziere' nei rapporti con i suoi subordinati ed i vassalli, scrupolosamente e senza che fosse perpetrata ingiustizia agli abitanti. I due anni che Elzeario e Delphine hanno trascorso insieme in Italia in questo momento della loro vita, in parte li hanno trascorsi ad Ariano, ed in parte a Quisisana presso la regina Sanchie (moglie di

---

[138] De Forbin d'Oppède, idem, p. 176 : «*Sourd aux représentations des siens, il se dérobait volontiers à son entourage afin d'aller consoler les lépreux, en leur représentant le bonheur qu'ils pouvaient s'assurer dans le ciel en souffrant sur la terre leurs maux avec patience*».
[139] De Forbin d'Oppède, idem, p. 176: «*A Ariano pas plus qu'à Ansouïs ou à Puy-Michel les pauvres n'étaient oubliés. Non contents de les secourir de leurs aumônes, Delphine et Elzéar leur rendaient des services personnels. Le jeudi saint, ils lavaient les pieds d'un certain nombre d'entre eux, puis les servaient à table*».
[140] De Forbin d'Oppède, idem, p. 177: «*Et comme dans cette ladrerie se trouvait un malade encore plus défiguré que les autres, que ses compagnons, pour qui il était un objet de dégoût, obligeaient à se tenir à l'écart, le jeune comte, s'en apercevant, alla à lui et le baisa, et la légende ajoute qu'au même instant le lépreux fut guéri*».

Carlo, duca di Calabria).

Dopo un breve soggiorno in Provenza, Elzeario nel 1317 ritornò in Italia, dove ricevette diversi incarichi presso il duca Carlo di Calabria e varie missioni delicate a Napoli, ad Amalfi e a Cava dei Tirreni. Il suo soggiorno durò fino al 1323, quando gli venne affidata la delicata missione di trattare a Parigi il matrimonio tra Carlo di Calabria, rimasto vedovo in quell'anno, e Maria, figlia di Carlo di Valois *pro tractanda et complenda parenteta et matrimonio inter nos* [duca Carlo] *et Mariam natam spectabilis viri Domini Caroli de Francia Valesij*[141].

Delphine ed Elzeario fecero ritorno in Provenza, ma Elzeario proseguì da solo per Parigi, dove avviò le trattative che portarono all'accordo sul matrimonio innanzi detto, firmato il 4 ottobre. Elzeario, tuttavia, non ebbe la fortuna di poter assistere al matrimonio che aveva favorito né fece più ritorno ad *Ansouïs* da Delfina, perché fu colpito da una febbre altissima e da una malattia fulminante. In questi ultimi istanti della sua vita, Elzeario fu assistito dal frate minore provenzale e suo amico, François de Meyronnes, il quale in modo insistente gli chiese di rivelare il segreto che lo accompagnava insieme alla moglie Delfina[142]: «Dopo le insistenze di Padre Mayronis, Elzeario si decise a rendere pubblico il segreto della sua vita, al fine di rendere testimonianza della purezza della sua compagna. Dichiarò a tutti coloro che erano intorno al capezzale che per la richiesta di Delfina da lui assecondata, erano rimasti vergini tutti e due ed erano vissuti

---

[141] Carlo era trattenuto a Napoli dai suoi doveri di viceré, per cui non potendosi recare personalmente a Parigi a contrattare il suo secondo matrimonio con la principessa Maria, figlia di Carlo di Valois, diede mandato ad Elzeario di rappresentarlo con "procura", cfr. De Forbin d'Oppède, idem, p. 227.
[142] A. Vauchez, *Dizionario biografico*, Treccani

insieme, sotto lo sguardo di Dio, come fratello e sorella»[143].

Elzeario morì il **17 settembre 1323** a Parigi a soli 38 anni.

4.4 Sant'Elzeario nella vita pubblica

Elzeario visse la stessa carità oltre che nell'intimità della vita familiare anche nella vita pubblica. Rappresenta la figura del santo laico che conduce un'esistenza santificante nel quadro della propria condizione. A caratterizzarlo è infatti una grande sobrietà in fatto di miracoli e la moderazione delle pratiche devozionali, compatibili con gli obblighi che la vita sociale imponeva ad un aristocratico preposto agli affari del regno e alla guida di una contea, quella di Ariano[144].

Elzeario è, con Delfina, un tipico esempio di quella *élite* laica, particolarmente presente nelle regioni che vanno dalla Catalogna all'Italia meridionale che, all'inizio del XIV secolo, aspirava a raggiungere la salvezza, conformando la propria vita al Vangelo, seguendo il solco tracciato dai frati minori ai quali furono legatissimi in Provenza come a Napoli. Più sereno della sua sposa, cui affermava peraltro di dovere la propria conversione, sembra sia stato meno turbato di lei dalle condanne che, a partire dall'avvento di Giovanni XXII, colpirono gli spirituali e i loro protetti, i beghini di Linguadoca, ai quali entrambi erano molto vicini. È anche vero che la sua prematura scomparsa gli permise di evitare le fasi più difficili di questo conflitto che invece Delphine, che visse fino al 1360,

---

[143] De Forbin d'Oppède, idem, p. 232: «*Puis, à l'instigation du Père Mayronis, il se décidait à révéler publiquement le secret de sa vie, afin de rendre un témoignage éclatant à la pureté de sa sainte compagne. Il déclarait à ceux qui entouraient son lit de mort qu'à la sollicitation de Delphine, et pour lui obéir, ils étaient restés vierges tous deux et avaient vécu ensemble, sous l'oeil de Dieu, comme un frère avec sa soeur*»

[144] André Vauchez, in Dizionario biografico in TRECCANI

avrebbe affrontato in tutta la sua drammatica intensità[145].

Elzeario è stato tratto in estasi in più di un'occasione, condizione avvertita da coloro che erano presenti nella circostanza. La prima volta si è verificata a Sault, quando aveva 15 anni, trovandosi a tavola dopo aver ricevuto la comunione, divenne di un colore vermiglio, distaccato dal mondo, pieno di calore e dolcezza dell'amore di Dio.

Accompagnato nella sua camera, Dio gli fece comprendere la brevità di questa vita, il disprezzo per i beni e le cose temporali. Fu rapito in estasi per la seconda volta ad Aix all'età di diciassette anni e poi ancora due volte ad *Ansouïs*, l'anno seguente[146].

Il mondo aristocratico che circonda Elzeario e Delfina percepisce la volontà degli sposi di non consumare la loro unione rapidamente, aumentando in esso l'incomprensione e perfino ostilità per le possibili ripercussioni sulla continuità del lignaggio nobiliare.

Vari episodi riportati nelle "Vite" di entrambi evidenziano tutti i topos agiografici del santo incompreso dalla sua famiglia.

La nonna di Elzeario, Ceçile Agoult, durante un soggiorno ad *Ansouïs* – Pasqua/novembre 1300, desiderosa di avere degli eredi, pressava la giovane coppia non sapendo dei voti spirituali tenuti ancora segreti. Pochi anni dopo, nel 1304, le loro famiglie, visto che la coppia non aveva ancora figli, avevano addirittura interpellato il medico catalano Arnaud de Villeneuve[147].

---

[145] André Vauchez, idem.
[146] D. Minelli, op. cit. p. 7-13.
[147] F. Mazel, *Affaire de foi et affaire de famille en Haute Provence au XIV siècle*, Coulet, 1999, p. 358.

4.5 Il culto di sant'Elzeario

Il corpo del conte di Ariano, Elzeario de Sabran, fu seppellito a Parigi nel convento dei Padri Francescani dei Cordeliers, vestito dell'abito francescano del Terz'Ordine[148], ma il mese seguente, il 18 ottobre 1323, venne trasferito nella chiesa francescana di Apt, in Provenza[149].

Si racconta che durante la traslazione del corpo si siano avverati diversi prodigi, come il suono spontaneo delle campane al suo passaggio o che i ceri portati dal popolo che accompagnava il corpo brillavano per tutto il tragitto senza consumarsi[150].

Sia la vestizione che il luogo di sepoltura rispondevano pienamente alle disposizioni che Elzeario aveva provveduto a far inserire nel testamento rogato a Tolone il 18 luglio 1317, presso il notaio *Cornille*. Nella disposizione riportata in questo atto, il cui testo ci è pervenuto da R. de Forbin d'Oppède [op. cit. nelle note], si rileva che Elzeario era legato a quest'ordine religioso ed in particolare ai frati di Provenza, come indicano i lasciti che istituì in favore di tutti i conventi francescani di questa regione, anche se nei documenti contemporanei che lo riguardano non è mai fatto cenno di una sua appartenenza al Terz'Ordine.

---

[148] La nascita del Terz'ordine francescano (dal 1978 Ordine francescano secolare) si può desumere dagli scritti del primo biografo francescano, frate Tommaso da Celano, il quale riferisce che la fondazione (o almeno la promessa) da parte di san Francesco di istituire il Terz'ordine francescano è stata fatta nel 1212 ad Alviano. È costituito da cristiani che, per una vocazione specifica, si impegnano a vivere il Vangelo alla maniera di san Francesco d'Assisi, nel proprio stato secolare, osservando una regola specifica approvata dalla Chiesa. La Famiglia francescana è costituita dai tre ordini fondati da Francesco d'Assisi: il primo ordine (i frati), il secondo ordine (religiose contemplative chiamate Clarisse perché cofondate da santa Chiara) e il terzo ordine (i secolari e numerose forme di religiosi e religiose impegnati in attività apostoliche o anche monache in sola contemplazione).

[149] De Forbin d'Oppède, idem, p. 234: «*Son corps, revêtu de l'habit de Saint-François, qui servait de linceul aux membres du Tiers Ordre aussi bien qu'aux religieux profès, était confié à la garde de Mayronis et déposé chez les Frères Mineurs*».

[150] Jo Godefroid, *Histoire de Delphine de Puimichel et d'Elzéar de Sabran*, 2012, p. 20.

Così riporta la disposizione testamentaria: «Ordiniamo quanto segue appresso: Per primo abbiamo scelto che il corpo venga sepolto ad Apt ed (…) ovunque ci capiti di morire entro un anno i Frati Minori lo porteranno là per essere sepolto»[151].

La sua morte fu il punto di partenza di una venerazione immediata: fin dal momento in cui il corpo di Elzeario fu sepolto presso i frati minori di *Apt en Provence*, sulla sua tomba cominciarono a manifestarsi miracoli. Nel 1327 il vescovo di Apt, Raymond Bot, indirizzò a papa Giovanni XXII una supplica, opera del teologo francescano François de Meyronnes, il confessore che aveva assistito Elzeario durante gli ultimi giorni della sua esistenza a Parigi (*Libellus supplex pro canonizatione, in Acta sanctorum, Septembris, VII*, pp. 521 s.), per ottenere **l'approvazione del culto** che non ebbe, però, alcun seguito. La domanda venne reiterata con maggior successo nel 1351, su richiesta degli stati occitani[152].

Sant'Elzeario ha culto liturgico in Apt, in Avignone, nella Badia di San Vittore di Marsiglia, nell'Ordine Francescano e in Ariano Irpino, dove è venerato come compatrono nel giorno della sua festa, il 27 settembre. Fuori di Ariano è venerato anche a Francavilla Fontana - chiesa di San Sebastiano, ove una delle cappelle laterali è dedicata al santo. Qui l'altare è arricchito da una tela che raffigura la Vergine con i santi Elzeario de Sabran e la beata Delphine de Signe, dipinte da Diego Oronco Bianchi da Manduria (1683-1767)[153].

---

[151] De Forbin d'Oppède, idem, p. 413: […] «*ordinamus, in modum vel per modum qui sequitur infrascriptum. In primis, elegimus corpori nostro sepulturam, quando nos mori contigerit, in loco fratrum minorum de Apta et volumus, jubemus et ordinamus quod ubicumque nos mori contingat, corpus nostrum, infra unum annum proximum a die nostri obitus computandum, ad dictum locum fratrum minorum de Apta apportetur, et sepeliatur*».
[152] A. Vauchez, *Dizionario biografico*, in Treccani.
[153] Cfr. il link: www.fondazioneterradotranto.it

Il 1° settembre 2006 la "Commissione Liturgica Interfrancescana" riunitasi a Jesi (AN) ha stilato il nuovo "Calendario comune per la Famiglia Francescana d'Italia", tenendo presente i precedenti calendari dei singoli ordini. A conferma del culto professato da parte della Famiglia Francescana[154] [vedi figura 14], è prevista la celebrazione per il 26 settembre di *Sant'Elzeario de' Sabràn e Beata Delfina, coniugi*.

Figura 14 – L'albero francescano edito da Alcan 1870 con sant'Elzeario (II ramo) e la beata Delfina (III ramo)

---

[154] La Famiglia Francesca spesso viene rappresentata in iconografie che risultano fra le più diffuse e complesse se si considerano non solo le immagini che raffigurano il Santo di Assisi, ma tutti i santi, i beati e altri personaggi che appartengono alle varie famiglie dell'Ordine Francescano. Una delle più note incisioni è quella realizzata dall'editore francese Alcan intorno al 1870, che raffigura l'albero francescano sui cui rami sono raffigurati santi e beati del Terzo ordine.

Il culto nella Famiglia Francescana, tuttavia, non è recente, come si può rilevare dal "Leggendario Francescano" edito nel 1722[155], nella parte relativa alle celebrazioni previste nel corso del mese di settembre: «Il Gloriosissimo Servo di Dio Elzeario uno de' primi Campioni del Terz'Ordine del P. S. Francesco, e conte di Ariano (…) Frutto dell'orazioni della Madre, quale veggendosi senza prole la chiedé a Dio, e santamente importunandolo concepì il Santo».

4.6 Le reliquie di sant'Elzeario

Il corpo di sant'Elzeario, alla fine dello stesso anno della sua morte (17 settembre 1323) fu sepolto nella chiesa francescana di Apt. In seguito, tra il 1371 e il 1373, uno splendido mausoleo venne costruito in suo onore sempre nella chiesa dei frati minori di Apt, grazie al cardinale Anglic Grimoard, fratello di Urbano V; la traslazione dei resti avvenne il 18 giugno 1373.

La cattedrale di Ariano ricevette un osso del mento, mentre una statua che lo raffigurava venne posta sulla facciata della stessa cattedrale nel 1510[156].

Le sue reliquie furono trasferite definitivamente nel 1791 dalla chiesa francescana di Apt alla cattedrale della città, dove sono tuttora venerate, insieme a quelle della sua casta sposa, la beata Delfina.

Il 3 maggio 2002 un discendente della famiglia de Sabran, il conte Géraud de Sabran, Sindaco di Ansouïs en Provence, in Francia, in

---

[155] Fr. Benedetto Mazzara, *Leggendario Francescano overo Istorie di Santi, Beati, Venerabili ed altri uominii illustri che fioriscono delli tre Ordini istituiti dal serafico Padre San Francesco*, Venezia, Lovisa, T. IX, 1722, p. 316.
[156] André Vauchez, in Dizionario biografico in TRECCANI.

occasione delle manifestazioni e celebrazioni in onore del santo compatrono, ha donato due insigni reliquie di sant'Elzeario e della beata Delfina concesse dall'arcivescovo di Avignone alla diocesi di Ariano.

4.7 La canonizzazione

La canonizzazione di sant'Elzeario de Sabran è stata storicamente accertata come l'ultima fuori Roma fino al 6 maggio 1984, quando in Corea del Sud Giovanni Paolo II, al culmine della sua visita papale, celebrò la messa per la canonizzazione di 103 martiri coreani nella spianata di Youido, alla presenza di un milione di persone circa[157].

Con la bolla *Grandis nobis adest* del 1° sett. 1351 (*ibid.*, p. 523), Clemente VI ordinò l'apertura di un'inchiesta sulla vita e sui miracoli di Elzeario, che venne svolta nei mesi successivi. Sessantotto testimoni, fra cui Delphine, vennero in questa occasione ascoltati dai commissari su 170 articoli nella chiesa dei frati minori di Apt. Sfortunatamente gli atti non sono stati conservati; vi è, però, un sommario composto nel 1363 per papa Urbano V.

Quest'ultimo, figlioccio di Elzeario, esaminò con benevolenza la pratica del proprio padrino, che venne da lui canonizzato a Roma il 15 aprile 1369. Papa Urbano V, però, appena lasciata la città, morì subito dopo e la bolla di canonizzazione venne promulgata dal suo successore Gregorio XI, a St-Didier di Avignone il 5 genn. 1371 (*Rationi congruit*, ibid., pp. 525 s.)[158].

---

[157] Articolo di rivista: *Vita della Chiesa* in *La Civiltà cattolica* a cura di Bartolomeo Sorge, quaderno 3211,Roma, USPI, 1984, Vol. II, quaderno 3211, p. 483.
[158] André Vauchez, in Dizionario biografico in TRECCANI.

Il testo del processo di canonizzazione di sant'Elzeario, istruito per ordine di papa Urbano V, esisteva ancora ad Avignone, forse anche ad Apt, fino al 1793 prima della rivoluzione.

"Vi è da rilevare che né la *Vie latina* né la *Vie provençale* fanno riferimento alla canonizzazione del conte di Ariano benché in entrambi siano riferiti diversi miracoli operati sulla tomba del Santo. I due biografi, quand'anche vi fosse la possibilità che si trattasse del medesimo autore, sembrerebbero tuttavia aver conosciuto le deposizioni del processo di canonizzazione e se ne siano serviti nella stesura delle loro opere"[159].

Tuttavia ci sono pervenute due copie autentiche del processo di canonizzazione cominciato sotto il pontificato di Urbano V e proseguito fino al 1363, tre anni dopo la morte di Delfina. L'inchiesta ci pone alla presenza di testimoni le cui deposizioni riguardano fatti che essi «*ont vu de leurs yeux, entendu de leurs oreilles*»[160].

Durante il processo che si tenne ad Apt e ad Avignone, hanno reso testimonianza una folla di provenzali, ma non si riscontra tra di loro né alcuno della corte del re Roberto, né alcuna compagna della contessa di Ariano al servizio della regina Sanchie, forse perché troppo distanti dalla sede processuale.

---

[159] Forbin d'Oppède, op. cit., p. II avant-propos: «*Ni la vie latine, ni la vie provençale ne mentionnent la canonisation, par Urbain V, du comte d'Ariano, bien que l'une et l'autre parlent de divers miracles opérés sur le tombeau du comte. Les deux biographes, si tant est qu'il ne s'agisse pas d'un seul et même auteur, paraissent toutefois avoir connu les dépositions du procès de canonisation et s'en être servis*».

[160] Forbin d'Oppède, op. cit., p. III avant-propos: "Che loro hanno visto con i loro occhi e sentito con le proprie orecchie".

4.8 Il testamento di Elzeario

Prima di imbarcarsi per Napoli Elzeario, temendo possibili pericoli durante la navigazione e il suo soggiorno in Italia, fece testamento il 18 luglio 1317 depositandolo presso il notaio Cornille a Tolone.

Il testamento, secondo le indicazioni riportate dalla marchesa De Forbin d'Oppède, è estratto da una copia conservata presso la Biblioteca *de Carpentras, Mss de Peiresc*: «*une copie conservée à la Bibliothèque de Carpentras, renfermant évidemment des fautes; mais comme on n'a pas l'original, il faut bien se contenter, de cette copie*» [p. 407]. Risulterebbe, però, che sia conservata un'altra copia negli archivi del duca Sabran-Ponteves[161].

In questo atto traspare la devozione di sant'Elzeario per i frati e i conventi francescani della Provenza, come indicano i lasciti a loro favore: «*In Christi nomine et virginis gloriose. Amen. [...] nos Elisiarius de Sabrano, comes Ariani [...] In primis, distribuimus et legamus, de dictis tribus millibus libris,* **conventui dictorum fratrum minorum de Apta** *centum libras, scilicet, quinquaginta libras opere ecclesie dictorum fratrum, et reliquas libras quinquaginta pro missis celebrandis...*».

Legò anche un calice d'argento (vedi figura 15) e degli ornamenti alla cattedrale di Ariano e due once d'oro per i frati minori della città: «*Item, legamus ecclesie cattedrali de Arriano,* **unum calicem duarum marcharum argenti***, qui semper debeat penes dictam ecclesiam remanere, ad servitium missarum celebrandarum in ea; et pro emendis ornamentis in dicta ecclesia. Item, legamus conventui fratrum minorum de Arriano, pro missis celebrandis, duas uncias*».

---

[161] D. Minelli, Op. cit., p. 25.

Figura 15 - Calice d'argento donato da sant'Elzeario *de Sabran* alla cattedrale di Ariano. Sec. XIV. Conservato presso il locale Museo degli Argenti.

Ma Elzeario ebbe cura di restituire a Delphine tutto quello che lei gli aveva portato in dote, insieme ai villaggi di Robians e di Cabrières, staccati dalla baronia di Ansouis, e al castello di Maddaloni, nel Regno di Napoli, concessi a titolo vitalizio, e a tutti i suoi beni mobili. Forse la parte dell'atto che sorprende maggiormente è la parte relativa ai lasciti "di tenore francescano" a favore della sua servitù, sia quella che si trovava in Francia nelle province occitane sia quella in Italia, tanto a Quisisana dove soggiornava quando era a Napoli, quanto a quella di Ariano: «*Item, legamus Petro Alfante, de Ansoysio, domicello,* **servitori nostro**, *pro servitiis que etiam nobis fecit, centum libras reforciatorum. Item legamus Guillarmode Portu [...]Odolino de Portu, de Trigua, Petro de Bajulis, Bertrando Avista, de Cesarista, Pellegrino de Rossillono, Perrono de Balma, Ambrosio de Guarda, Stephano Coquo,* **servitoribus nostris**, *pro servitiis que nobis fecerunt, scilicet quinquaginta libras reforciatorum. [...] Item, legamus Compagno de Arriano, servitori nostro, pro servitiis que nobis fecit, viginti quinque libras reforciatorum...*»[162].

---

[162] De Forbin D'Oppède, idem, p. 415-416.

4.9 Il voto di Elzeario e l'amore spirituale

Elzeario era desideroso di fare il voto di verginità insieme a Delfina, anch'ella pervasa da propositi simili, che considerava il suo sposo "il guardiano ed il custode della sua verginità"; entrambi non avevano potuto compierlo quando erano in Provenza per cui Elzeario, essendo ancora impegnato a Napoli, invitò la sua sposa a recarsi da lui unitamente a Garsent Alphant. Delfina si imbarcò il 14 maggio 1314 da Marsiglia, ma senza l'accompagnatrice perché malata. Delfina giunse a Napoli, ma concordemente rinviarono l'attuazione del loro proposito perché ritenevano importante che fosse presente anche Garsent[163].

Elzeario, ritornato dai suoi impegni in Italia quando aveva venticinque anni, conferma a Delfina il suo amore spirituale[164], di rimanere casto insieme a lei nella vita coniugale, manifestando la sua intenzione così come si era riproposto alla sua governante M.me Garsent. Il giorno di S. Maria Maddalena, nella cappella di S. Caterina ad Ansouis, dopo aver trascorso il tempo nella veglia e nelle orazioni e ricevuto il Corpo di Gesù Cristo, si recarono a casa di Garsant Alphant ancora impedita dalla malattia; il conte si mise in ginocchio e fece il suo voto con grande devozione[165]. Il Voto ci viene riportato anche nella "Vite de' Santi" curata da padre Giovanni Croiset, in cui non è richiamata né la presenza di M.me Garsant né tantomeno sono coincidenti i luoghi:

> Elzeario, ritornato dai suoi impegni in Italia, non aveva allora che venticinque anni, erano vissuti sino a quel punto [con Delfina] in una purità Angelica, senza esserne stato fatto il voto del Santo. Egli, non volendo cedere in questo punto alla casta

---

[163] D. Minelli, Op. cit., p. 27-28.
[164] Padre G. Croiset, *Vite de' Santi" per tutti i giorni dell'anno*, Venezia, Baglioni, 1728, p. 152.
[165] D. Minelli, Op. cit., p. 29

sua sposa, elesse il giorno di Santa Maria Maddalena per lo solenne impegno. L'uno e l'altra fecero i lor voti colle solennità della Chiesa nella Cappella del Castello di Ansouis, nella qual essendo amendue ginocchioni appiè dell'Altare dopo la Comunione, S. Elzeario tenendo le mani sopra il Messale, alla presenza de' testimoni, pronunziò ad alta voce in questi termini il suo voto: «*Mio Signor Gesù Cristo, da cui vengono tutti i beni che riceviamo, pieno di confidenza nella vostra divina misericordia, benché io sia gran peccatore, e conoscendo che sena il vostro aiuto speciale non si può conservare il prezioso tesoro della castità; Faccio voto e prometto a Vostra divina Maestà ed alla Santissima Vergine vostra divina Madre, prendendo in testimoni tutti i santi che sono nel Cielo, di vivere casto persino alla morte, e di conservare per tutto il corso di mia vita la Verginità che mi avete fatto grazia di conservare fino al presente; sono pronto a soffrire ogni sorta d'afflizioni, di tormenti e la morte stessa, piuttosto che violare giammai la promessa solenne che ve ne faccio.*

Il medesimo concetto di "Amore spirituale" viene riportato nella *Vie occitane* in lingua provenzale, conservata nella Biblioteca nazionale (Mss., 13504); ce lo trascrive nel suo saggio la marchesa Forbin d'Oppède[166]:

"Elzeario non avrebbe perso occasione di ricordare a Delfina la superiorità dell'amore spirituale sull'amore carnale":

«*... Entre motz maritz e molhens amadors del mon soven s'endeve que la amor carnal que es entre cor ayssi coma la carnost defalh, mas entre mi e tu, es amor spiritual e pura e aytal ayssi coma l'esperit tostemps dura e no defalh ni s'marfezish. Per la qual resposta remas mot consolada*».

---

[166] De Forbin D'Oppède, idem, p. 238: «*Elzéar en aurait pris occasion de faire remarquer à Delphine la supériorité de l'amour spirituel sur l'amour charnel*».

4.10 La vita coniugale di Elzeario e Delfina

Tutto ciò che nobilita il matrimonio tra Elzeario e Delfina, il sostegno reciproco, la condivisione della buona e cattiva sorte, la fedeltà praticata fino alla morte, la fiducia e l'attaccamento reciproco, tutto raggiunge un livello più alto in questa unione fraterna. Entrambi conservano gli stessi sentimenti di amore coniugale, come lo dimostra Delphine di quanto ami con passione il suo caro Elzeario durante gli anni della loro esistenza, piangendo amaramente quando fu chiamato a Dio, e quanto sia stata fedele custode negli ultimi anni della sua vita, della sua memoria e della sua tomba[167].

Le testimonianze rese nel processo di canonizzazione confermano che Delphine, educata da pii religiosi, già all'età di otto anni ha avuto una ferma volontà di dedicare la sua verginità a Dio. Piuttosto che venir meno a questo suo proposito, già d'allora, diceva, di essere disposta a farsi tritare in pezzi. A Jean de Sabran, il più giovane figlio di Guglielmo de Sabran, fratello di Elzeario, che ha ereditato il castello di Ansouis, ripeteva durante la sua vecchiaia che la sua intenzione era sempre stata quella di diventare una suora, e non avrebbe mai acconsentito di sposare suo zio se non l'avesse convinto che lei avrebbe potuto sempre, quando l'avrebbe voluto, rompere il matrimonio e ritirarsi in un convento[168].

---

[167] De Forbin D'Oppède, idem, p. 46: «... *Elles conservent même aux affections toute leur vivacité, et nous verrons la bienheureuse Delphine aimer passionnément son cher Elzéar pendant les années de leur existence commune, le pleurer amèrement lorsqu'il lui fut enlevé, et se constituer durant les dernières années de sa vie la fidèle gardienne de sa mémoire et de son tombeau*».

[168] De Forbin D'Oppède, idem, p. 47. «*La témoignages contenus dans le procès de canonisation, que Delphine, instruite par une pieuse religieuse, avait, vers l'âge de huit ans, pris la ferme résolution de consacrer à Dieu sa virginité. Plutôt que d'y manquer, elle était dès lors, disait-elle, toute disposée à se laisser hacher en morceaux. A Jean de Sabran, fils cadet de Guillaume de Sabran, frère d'Elzéar, qui avait hérité du Château d'Ansoüis, elle répétait dans sa vieillesse que son intention avait toujours été de se faire religieuse, et qu'elle n'eût jamais consenti à épouser son oncle si on ne lui eût persuadé qu'elle pourrait toujours, lorsqu'elle le voudrait, faire casser son mariage et se retirer dans quelque couvent*».

Padre Philippe de Riez, autore della *Vita latina* ed uno dei padri confessori, ci racconta che Delfina dopo la cerimonia di fidanzamento gli confermò che nulla era cambiato ed era pienamente convinta di osservare il proprio voto di castità fino alla morte, *de mourir plutôt que de prendre un époux mortel, et d'appartenir à un autre qu'à Jésus-Christ*[169].

Agli occhi degli zii, dei parenti e degli amici voleva far credere di aver assecondato le loro aspettative, ma per il solo fatto di non compromettere la loro posizione rispetto alla volontà del re, Carlo II. Nei confronti di Elzeario Delfina era convinta di poter far prevalere l'idea della superiorità dello stato di verginità su quello del matrimonio, di prendere in considerazione il voto che ella aveva fatto in precedenza.

«Delfina cominciò ad esortare Elzeario a seguire il suo esempio, citandogli per modelli santa Cecilia e san Valeriano, sant'Alessio e la sua sposa e molti altri santi che avevano guardato alla continenza nel matrimonio, vivendo sempre come fratelli e sorelle (…). Elzeario, sentendo queste parole, si inginocchiò dalla sua parte pieno del timor di Dio. I due sposi passarono così la notte intera, senza riposare, ma pregando e piangendo insieme»[170].

---

[169] De Forbin D'Oppède, idem, p. 51
[170] De Forbin D'Oppède, idem, p. 52: «*Et elle commença aussitôt à exhorter Elzéar à suivre son exemple, lui citant pour modèles sainte Cécile et saint Valérien, saint Alexis et sa femme, et nombre, de saints et saintes qui avaient gardé la continence dans le mariage, vivant ensemble comme frères et sœurs, (...) s'agenouilla de son côté, rempli de la crainte de Dieu. Et les deux époux passèrent ainsi la nuit entière sans prendre aucun repos, priant et pleurant ensemble*».

4.11 La vita della beata Delphine de Signe

Nasce il 1283 da Guillome de Signe e Delphine de Barras, ricevendo lo stesso nome della madre.

Fin dai primi anni di vita mostrava disprezzo per le cose terrene, tenute in stima dagli altri, e pietà per i poveri, intrattenendosi sulla porta del castello per fare l'elemosina a qualcuno che vi si presentava.

Si ignora la data della morte dei genitori di Delfina, tuttavia dalle testimonianze dei contemporanei sappiamo che all'età di sette anni era rimasta orfana ed aveva ereditato i beni dei genitori[171].

Alcuni hanno tramandato che Delfina fosse l'unica "*héritière*", in quanto figlia unica, ma non sembrerebbe rispondere al vero questa affermazione. Difatti pare che avesse altre due sorelle: Alasacie, che risulta anche testimone negli atti processuali di canonizzazione di Elzeario, e Sibille, moglie di Lambert de Lanciel, come risulta in un atto di donazione in cui Delphina le lascia il castello di Puimichel per disfarsene insieme a tutti gli altri suoi beni e per donarne il ricavato ai poveri[172]. Poco dopo la morte dei genitori Delfina fu affidata in educazione a sua zia Cécile, badessa del monastero di Sourts, dove fece voto di verginità con l'intenzione di prendere i voti monacali, meravigliando le religiose "per l'innocenza della sua vita e la pratica di tutte le virtù"[173]. Delfina visse sei anni nel monastero «quando i Zìi ed altri suoi Parenti considerando la di lei nobiltà, bellezza e ricchezza, risolvettero di cavarla fuori ed esporla agli occhi della Corte del Re di Napoli, Carlo II, Conte di Provenza»[174].

---

[171] De Forbin D'Oppède, idem, p. 9: «*Les témoignages contemporains nous apprennent seulement qu'à l'âge de sept ans, Delphine était orpheline et héritière de grands biens*».
[172] De Forbin D'Oppède, idem, p. 8.
[173] Fr. B. Mazzara, *Leggendario Francescano*, Venezia, Lovisa, 1722, T. XI, p. 432.
[174] Fr. B. Mazzara, idem.

All'età di dodici anni Delfina, per volontà di Carlo II, re di Sicilia, fu promessa in sposa ad Elzeario de Sabran, più giovane di lei di due anni, ma la vergine rifiutò il consenso poiché non voleva essere unita carnalmente ad altro uomo, ma di servire sempre Gesù Cristo nella verginità. Le insistenze non portarono frutti per cui i parenti e gli amici, vedendo che non riuscivano a cambiare la sua volontà e temendo l'indignazione del re, le esposero il pericolo cui sarebbero andati incontro. Pertanto la pregarono di considerare l'eventualità di prendere una decisione in merito trascorsi cinque anni, ossia di scegliere liberamente il matrimonio oppure di mantenere la prima intenzione[175], acconsentendo, per il momento, agli sponsali della sola promessa. A questo punto Delfina si piegò al volere di re Carlo per liberare gli zii da ogni pericolo, conservando fermamente il proposito di verginità. Giunse, però, il momento di perfezionare il matrimonio davanti alla Chiesa a cui si oppose fermamente.

Fu grazie all'intervento di Guillome de *Saint Martial*, dei Frati Minori, che Delfina si convinse, rassicurata sulla bontà del suo sposo tale da poter essere educato secondo la sua volontà, al pari di santa Cecilia, attirata e chiamata ad una simile lucidità e purezza.

Il matrimonio venne celebrato la sera del 5 febbraio 1299 tra lei, che aveva quindici anni, ed Elzeario, che ne aveva tredici, nella chiesa di Puimichel[176]. Per diverso tempo Elzeario le chiedeva il debito di matrimonio, cui Delfina replicava con parole devote ed ispirate da Dio, rivelandogli il voto di verginità che aveva fatto.

Elzeario, toccato ed ispirato da virtù divina, promise alla vergine che per due anni non l'avrebbe toccata affatto.

---

[175] D. Minelli, op. cit., p. 49.
[176] D. Minelli, op. cit., p. 51.

Grazie alla conoscenza ed alle parole di Garsent Alphant, che conosceva il segreto della verginità di Delfina, gli sposi seppero trascorrere questo periodo illuminati da Dio, fino a quando Elzeario fu rapito in estasi a *Sault* alla festa dell'Assunzione e da allora non rivolse più alcuna parola a Delfina che fosse contraria ai suoi propositi di verginità[177].

Non potendo dissimulare la promessa ed il voto fatto, fecero giurare ai loro familiari, servitori e amici che si trovavano continuamente con loro di non rivelare ad alcuno il loro comportamento; costoro, poi, vennero costretti a pregare tutte le mattine e le sere nella cappella del castello di Ansouis.

Delfina, mentre era ad Avignone, piangeva con amarezza il giorno quando suo marito, a Parigi, rese l'anima a Dio. Il re Roberto e la regina le chiesero il motivo e Delfina manifestò loro la causa del suo dolore; questi cercavano di consolarla, non avendo certezza di simile notizia, fino a quando, alcuni giorni dopo, arrivò un messaggero da Parigi a portare la triste novella.

Alla morte di Elzeario Delfina soggiornò alcuni anni a Napoli, nel palazzo reale di Quisisana, località di Castellammare, ed il 23 luglio 1333 emise il voto di povertà, distribuendo tutti i suoi beni ai poveri e per opere pie e vivendo di elemosine.

Morì ad Apt il 26 novembre 1360, all'età di settantasette anni.

Il processo di canonizzazione fu iniziato da Urbano V, ma a causa dello scisma avignonese in corso venne sospeso sotto Gregorio XI, così come furono impedite le conclusioni di tutti gli atti che erano stati promanati da quella sede.

---

[177] D. Minelli, op. cit., p. 54.

4.12 Il culto della beata Delfina di Puimichel

Il suo culto liturgico, con Ufficio proprio, fu introdotto in alcune diocesi della Provenza, e il 24 luglio 1694 papa Innocenzo XII la riconobbe Beata, mentre in Provenza e in altre regioni della Francia è venerata come Santa[178].

Il culto della beata Delfina nella Famiglia Francescana, tuttavia, non è recente, come si può rilevare dal "Leggendario Francescano" edito nel 1722[179], nelle celebrazioni del mese di novembre (pag. 431): «La gloriosissima Eroina di Verginità Delfina, splendore singolare del Terz'Ordine de' Minori, fu uno de' più singolari miracoli della grazia, di cui è proprio far con maraviglie comparire quanto Dio possa operare cogl'uomini a sua maggiore glorificazione».

4.13 Il voto di Quisisana

Quando Delfina rimase vedova, cercò il modo di come donarsi e consacrarsi interamene a Dio. Scelse di portare delle vesti meno comode quand'anche portasse già il cilicio sotto di esse; digiunava tre volte la settimana e di frequente torturava il corpo con catene e punte di ferro; dormiva sulla paglia con sopra una coperta. Si adoperava, inoltre, nei mestieri più umili della casa e a tavola rispettava la regola del silenzio; dopo pranzo commentava le parole del Signore ed il resto del tempo era occupato nella preghiera[180].

---

[178] D. Minelli, op. cit., p. 45.
[179] Fr. Benedetto Mazzara, *Leggendario Francescano overo Istorie di Santi, Beati, Venerabili ed altri uominii illustri che fioriscono delli tre Ordini istituiti dal serafico Padre San Francesco*, Venezia, Lovisa, 1722.
[180] D. Minelli, op. cit., p. 69.

Diceva Delfina a Giraud Raybaud, dei Frati Minori di Apt, che per l'uomo ricco non sarebbe facile evitare il peccato, ma se egli donasse tutti i suoi beni al fine di servire unicamente Dio, senza dubbio costui potrebbe assicurasi la salute della sua anima[181].

Quando Delfina parlava di rinunciare ai suoi beni, alcuni parenti e amici cercavano di distoglierla da questi pensieri, ma lei era convinta di questi suoi propositi. Il terzo anno di vedovanza (1326) si trasferì in Italia dalla regina Sanchie, con la quale intratteneva sempre discorsi sulla propria intenzione di vendere tutto ciò che aveva, chiedendo la sua autorizzazione e quella del re Roberto. Dopo qualche anno Delfina poté soddisfare le proprie intenzioni e così ordinò di vendere tutti i suoi beni, anche quelli che le aveva lasciati Elzeario: dapprima si disfece dei mobili, degli oggetti d'argento, dei cavalli e delle mandrie, ed in seguito vendette i suoi castelli; tutto il denaro che ricavò dalle vendite lo donò ai poveri. Un giorno d'estate del 1333, nella cappella di Quisisana (tra Castellammare e Napoli), prima di ricevere l'eucarestia, volle rinunciare espressamente a tutte le cose del mondo e dopo il voto di castità pronunciò anche quello di vivere in povertà[182]. Dopo aver assistito la regina Sanchie negli ultimi giorni della sua esistenza, la contessa di Ariano fece ritorno in Provenza, ad Apt (1336), nel castello che era stato suo e che era stato comprato da Guillome de Sabran-Pontèves, vivendo qui un breve periodo (1336)

---

[181] De Forbin D'Oppède, idem, p. 269.
[182] De Forbin D'Oppède, idem, p. 274, il voto è riportato nell'art. 23 del processo di canonizzazione: «*Devant vous, mon adorable Sauveur, devant votre sainte Mère et toute la cour céleste, sans y être contrainte, mais librement et par amour pour vous, je renonce à tous mes biens temporels, aux soins et aux pompes de ce monde, maintenant et pour toujours. Je m'offre et m'abandonne à vous, mon Sauveur, qui pour moi vous êtes dépouillé de tout sur la croix; je ne veux plus rien posséder sur la terre, si ce n'est vous seul, qui êtes le partage des âmes saintes. Tout ce que j'ai et tout ce qui pourra me revenir, je le laisse aux pauvres, à ceux spécialement qui ont renoncé au monde, et je veux que tout leur soit distribué. Je m'oblige à veiller d'une manière efficace à ce que cela soit fidèlement accompli et le plus promptement possible*».

come umile serva delle ancelle e delle matrone che prima erano sottomesse a lei, e chiedendo l'elemosina di porta in porta[183]; in seguito alternò la sua permanenza ad Apt, soggiornando tra i monasteri di Santa Caterina e Santa Croce.

4.14 Alcuni miracoli della beata Delfina

Alla sua morte, il 26 novembre 1360, il suo corpo venne trasportato nella chiesa di Santa Caterina, ad Apt. Durante la notte successiva si udì risuonare una musica armoniosa e molti uscirono per capire da dove provenissero quei canti, ma, poiché non videro nessuno, li attribuirono ai cori angelici. Un certo Stefano Martino, che non poteva camminare senza le grucce, entrò nella chiesa e ne uscì guarito.

Per le malattie che l'affliggevano verso la fine dei suoi giorni, a volte Delfina si faceva trasportare in lettiga. Capitò una volta, mentre andava al monastero di Sorps, a Puimichel, che una donna affetta da malattia cancerosa toccasse con il proprio petto la mano della contessa di Ariano che sporgeva fuori dalla lettiga; il male scompare e si mette a gridare: "Eccomi guarita! La santa contessa mi ha guarita".

Una fanciulla di dodici anni aveva il viso tumefatto a causa di un male canceroso incurabile. La madre, avendo avuto da una monaca amica di Delfina l'acqua con cui si era lavata le mani, lavò il viso della figlia ed ella guarì completamente[184].

---

[183] De Forbin D'Oppède, idem, p. 307.
[184] D. Minelli, op. cit., p. 5. Si tratta della figlia di Colmars, affetta da tumore alla faccia. Il miracolo ebbe luogo a Cabrières, nel maggio 1356 (dall'art. 53 del processo di canonizzazione).

4.15 Considerazioni finali sui conti di Ariano, sant'Elzeario e la beata Delfina

La vita coniugale e familiare hanno rappresentato per queste figure una via di accesso alla perfezione cristiana.

Tuttavia resta comunque importante il superamento del tabù della verginità e il fatto che la vita attiva, tradizionalmente considerata inferiore a quella contemplativa, venisse riabilitata da questi *laici religiosi*, nella misura in cui essa mirava all'imitazione di Cristo. Non era facile per una donna giungere ad una santità riconosciuta, soprattutto se vissuta al di fuori degli ambienti religiosi.

L'unico spazio in cui si riteneva possibile superare i limiti inerenti il sesso e la propria debolezza fisica e morale era il chiostro.

Figura 16 – Sant'Elzeario e Beata Delfina, dipinto sec. XVII, Castello d'Ansouis.

Capitolo V

San Liberatore vescovo e martire

5.1 *San Liberatore, vescovo e martire*

Nell'ultimo compatrono che andiamo a trattare vediamo accomunati sia il modello martiriale sia quello comunitario.

Una tradizione costante, non supportata da documenti che ne comprovino tali affermazioni, fa ritenere che san Liberatore sia stato il primo vescovo di Ariano, martirizzato durante la persecuzione di Diocleziano nell'anno 305.

Abbiamo parlato di "tradizione costante" perché scarse, se non addirittura inesistenti, sono le fonti agiografiche contemporanee che trattano di san Liberatore. Difatti né dagli *scriptoria* agiografici qualificati di Napoli e Benevento, né da quelli legati alle diocesi ed ai monasteri, come gli *scriptoria casinenses*, la cui attività si è sviluppata prevalentemente nella raccolta e ricopiatura di più antichi testi agiografici, è possibile rinvenire notizie riguardanti il nostro Santo vescovo-martire.

San Liberatore è considerato il primo vescovo, quindi doveva essere necessariamente legato alla diocesi di Ariano. Sappiamo, tuttavia, che il primo documento che attesti l'istituzione della diocesi di Ariano è datato 26 maggio 969, in occasione del sinodo tenuto da papa Giovanni XXII, in cui la diocesi di Ariano viene legata, quale suffraganea, all'arcivescovado di Benevento.

Mancano, altresì, atti e documenti riferibili a vescovi successivi a san Liberatore: da questo momento non vi è documentazione che faccia riferimento alla sussistenza di una diocesi o alla presenza di un vescovo ad Ariano fino a Mainardo nel 1070, né se ne rileva documentazione nell'opera di Ughelli[185] il quale, nella cronotassi dei vescovi arianesi, il primo in ordine cronologico di cui ci riferisce è, appunto, Mainardo. Pertanto, non rinvenendo riferimenti storici specifici nella scarna documentazione che trattano del santo vescovo o della diocesi tra il IV e il X secolo, è lecito che sorgano dubbi sul vescovado di Ariano già dal IV secolo.

Tuttavia è una carenza comune a molte diocesi dell'Alto Medioevo delle quali non si trova documentazione anteriore all'XI secolo, sia perché diversi vescovi venivano nominati direttamente dal popolo o dal clero, sia perché la documentazione storica presente negli archivi probabilmente è andata distrutta a seguito di incendi o di distruzioni causate dai terremoti.

5.2 *Le fonti*

Negli *Acta Sanctorum* dei Bollandisti (vedi fig. 17) viene trascritto su san Liberatore tutto ciò che Mario Vipera[186] aveva registrato nel suo catalogo dei Santi nella chiesa di Benevento nel 1635, affermando di aver riportato le notizie ricavate da un manoscritto che si trovava nella chiesa di Santa Sofia: san Liberatore era stato vescovo arianese e martire, illustre per miracoli, venerato in più luoghi e specialmente a Benevento, dove riposava il suo corpo, nella chiesa di S. Sofia[187].

---

[185] F. Ughelli, *Italia Sacra*, Mascardi, Roma, 1662, T. VIII, p. 300.
[186] Mario Vipera, Arcidiacono del capitolo metropolitano di Benevento, *Chronologia episcoporum, et archiepiscoporum metropolitanae ecclesiae Beneventanae quorum extat memoria*, Palladis, Roma, 1764.
[187] Cfr. A.S., T. III: «*Liberator Episcopus Arianensis et Martir, miraculorum moltitudine admirandus multis locis, & praesertim Beneventi, ubi eius Corpus condigno honore conditum in augusto templo S. Sophiae*».

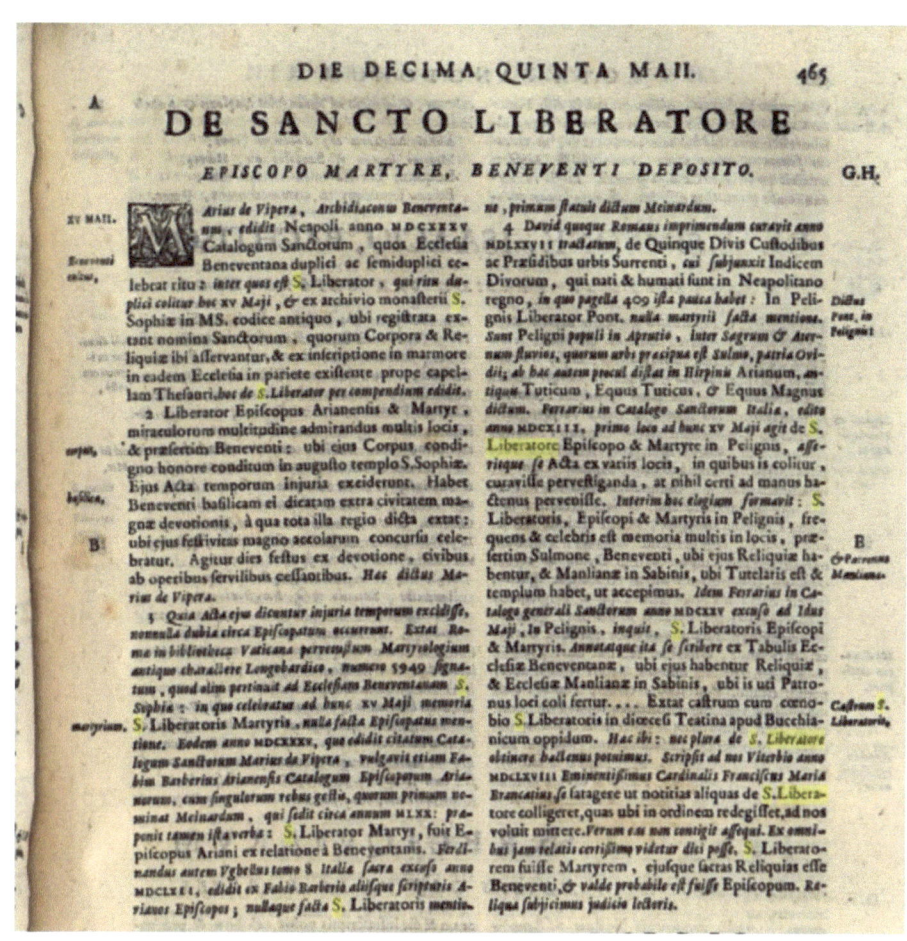

Figura 17 - Estratto degli *Acta Sanctorum*, maggio, T. III.

Altra documentazione storica, sempre tramandata negli *Acta Sanctorum*, è un antico martirologio della chiesa beneventana di S. Sofia [si tratterebbe della fonte riferita da Mario Vipera] scritto in carattere longobardo e conservato nella Biblioteca Vaticana, *signatum* con il n. 5949, nel quale si trova registrata una memoria di san Liberatore Martire, con data 15 maggio, senza, però, che venga fatto alcun cenno al vescovado[188].

Come abbiamo osservato, la documentazione di riferimento non consente di poter rendere notizie certe sulle origini e sulla vita di san Liberatore. Alcuni agiografi, tuttavia, tendono ad identificare san Liberatore con s. Eleuterio, vescovo di *Æcae* di origini illiriche morto nell'anno 130 sotto l'imperatore Adriano, benché appartenenti ad epoche diverse.

Si sono sviluppate, pertanto, numerose congetture cui non vogliamo aggiungerne delle altre, restando ancorati alla sola fede, alla "tradizione costante" che san Liberatore sia stato il primo vescovo di Ariano, martirizzato nell'anno 305 sotto l'imperatore Diocleziano.

5.3 Le reliquie

La serie dei vescovi di Ariano avrebbe inizio, dunque, con le vicende legate a san Liberatore, il cui corpo è in Benevento nella chiesa di Santa Sofia[189].

Riguardo alle spoglie del Santo, l'abate cassinese Giovanni Battista Capozzi[190], nella sua opera "Cronica di Ariano", ci riferisce che a seguito del martirio di san Liberatore i devoti cristiani presero il suo corpo e gli diedero sepoltura nello stesso luogo; era il 15 maggio.

---

[188] Cfr. T. Vitale, *Storia della Regia città di Ariano e della sua diocesi*, op. cit., p. 188. E' menzionato nella cronotassi vescovile di Ariano pubblicata da Fabio Barberio nello stesso anno (1635) in cui Mario Vipera aveva pubblicato il suo catalogo; il Barberio così ci riferisce: «S. *Liberator Martyr fuit Episcopus Ariani ex relatione a Beneventanis*».

[189] T. Vitale, op. cit. p. 188: «Riposa il suo corpo in Benevento nella Chiesa di S. Sofia, ed ivi anche si solennizza la sua festa, come leggesi nel catalogo de' Santi, de' quali la Chiesa Beneventana ne celebra l'Officio, dato in luce da Mario Vipera».

[190] Cfr. *Cronica della Città d'Ariano 1596 Capozio Cassinese in Cava*, trascrizione fedele a cura di Gabriele Speranza, in *Æquum Tuticum*, anno VII, n. 1/2009, organo dell'Associazione Amici del Museo, Ariano Irpino, Impara, 2009.

Le sante reliquie rimasero deposte senza culto finché tempi più tranquilli per i cristiani consentirono l'edificazione sul luogo del martirio della chiesa a lui dedicata, distante circa cinque km dall'abitato della città.

«Avvenne che mentre scavavano il luogo per ritrovare le Sante Reliquie nel scoprirsi n'uscì un soavissimo odore, e gran splendore; per lo qual miraculo molti paesi lontani concorsero a riverirlo, e fù tale, che d'intorno ad essa chiesa vi si fabricò un Castello con il titolo di S. Liberatore»[191].

Il corpo del Santo riposò in detta chiesa fino all'avvento di Arechi II, quale Duca di Benevento, che dopo avervi eretto il «Tempio di S. Sofia [anno 760] eriggendovi un Monastero de' Vergini, per ornarlo a maggior segno spogliò tutte le chiese al suo dominio soggette delle loro preziose reliquie, e le ripose in quella, così fece anco alla Città d'Ariano privandoli di quel prezioso pegno del loro amato pastore S. Liberatore, e lo trasportò nella suddetta chiesa di S. Sofia»[192].

Riguardo alle reliquie il Flammia[193], nel commentare l'episodio del ritrovamento di alcuni resti, tre anni prima della stesura del suo Panegirico, così ce lo tramanda: «Possiamo supporre che se alcune reliquie rimasero di lui dovrebbero essere quelle trovate da voi tre anni fa [ndr. 1892] nel seno dell'altare maggiore, chiuse in una cassetta di legno, probabilmente di pino, essendosi polverizzato al

---

[191] ID. *Cronica della Città d'Ariano 1596*, p. 142.
[192] ID. *Cronica della Città d'Ariano 1596*, p. 143.
[ndr] Non vi sono riscontri certi sulla traslazione del corpo di s. Liberatore in Benevento. E' possibile ipotizzare che la traslazione sia potuta avvenire nel periodo in cui la chiesa di s. Sofia divenne un vero e proprio simulacro di reliquie di santi. Difatti vi furono trasferiti il corpo dell'apostolo s. Bartolomeo dall'isola di Lipari, per sottrarlo alla furia dei saraceni che imperversavano nel mar Mediterraneo (838), i resti di s. Mercurio da Quintodecimo, e di altri trentuno martiri.
[193] N. Flammia, *Panegirico storico di S. Liberatore Vescovo e Martire*, stab. Appulo-Irpino, Ariano, 1895, p. 12.

contatto dell'aria. Voi che conservate alla chiesa gelosamente quelle reliquie …».

5.4 Il culto

Il culto di san Liberatore è praticato da tempi immemorabili nella chiesa rurale che porta lo stesso nome del Santo, distante circa cinque chilometri dal centro abitato di Ariano.

Il Vitale[194] nella sua opera riporta una datazione certa circa la presenza in loco della chiesa dedicata al Santo e costruita sul luogo del martirio, anche se priva delle sue reliquie, visto che fino a quella data «restò nel suo essere con tutte le di lei rendite. Nell'anno 1451 furono addette alla Sagrestia della Cattedrale; e la Chiesa successivamente fu ampliata, continuandosi a celebrarvi la festa di esso Santo a' 15 maggio con gran concorso de' cittadini e forastieri. Nell'Altar maggiore vi è la di lui statua. E i due altri Altari sono dedicati a S. Vito ed a S. Eligio».

E' venerato in Benevento, che ne fa uffizio e messa in una chiesa rurale a lui dedicata, e Magliano Sabina (RI); a san Liberatore è anche dedicato il famoso monastero al parco della Maiella, località di Serramonacesca (PE).

---

[194] Vitale, op. cit., p. 285

CONCLUSIONI

Dalle indagini geografiche e cronologiche che abbiamo condotto sulla diocesi di Ariano dei secoli XI-XII e dallo studio agiografico dei suoi santi patroni, emergono aspetti fondamentali che si riscontrano nella maggior parte delle diocesi e delle devozioni campane dell'epoca.

La diocesi di Ariano, rispetto al periodo oggetto di osservazione, è di recente formazione ed è concomitante all'insediamento dei nuovi signori dell'epoca (i Normanni). La contemporaneità di questo nuovo assetto istituzionale assurge ad un rinnovato ruolo politico e religioso ed ha contribuito a definire poteri, equilibri ed identità civica, ed a ricercare la promozione culturale per personaggi contemporanei (sant'Ottone prima e sant'Elzeario e la beata Delfina, poi) o per santi più antichi (san Liberatore).

Coerentemente con la più generale situazione delle cittadine campane, anche Ariano rimane sostanzialmente fedele ai suoi santi, non instaurando nuove immissioni nel santoriale proprio, cui si riferiscono la gran parte dei testi agiografici. La fedeltà per i propri santi probabilmente è anche dovuta sia all'intento di evitare di raccogliere *particulas* di corpi di santi, ingenerando forti dubbi sulla loro provenienza, sia in osservanza delle disposizioni contenute nelle Assise di Ariano di Ruggiero II, nel capitolo *De sanctorum reliquia rum venditione*, in cui si fa divieto per tutto il regno di compravendita di reliquie di martiri o di altri santi.

Dall'indagine condotta ne emerge che tra i santi compatroni di Ariano l'unico fenomeno devozionale non rappresentato è quello del monaco santo. Difatti risultano rappresentati quello eremitico, con sant'Ottone, pure accompagnato da sufficiente documentazione agiografica; quello laico, con i conti sposi sant'Elzeario e la beata Delfina, supportati da un'importante produzione agiografica prossima al periodo della loro vita; e quello martiriale e vescovile, con san Liberatore, in merito al quale dobbiamo registrare, purtroppo, l'assenza di studi agiografici che si accompagna all'esiguità anche di quelli relativi a specifici argomenti che lo riguardano.

Lo scopo del lavoro di indagine e di ricerca fin qui svolto era quello di concorrere ad arricchire le conoscenze, non solo riguardo alle origini della diocesi e delle strutture ecclesiastiche della città di Ariano del periodo trattato, ma anche delle gesta e della magnificenza dei suoi santi compatroni, con l'auspicio che costoro non saranno semplicemente accostati ad un'icona o ad un'immagine convenzionale, ma saranno visti come esempi di virtù, di amore per il prossimo, di testimonianza di fede.

Concludo con una citazione di Mons. Andrea D'Agostino, vescovo di Ariano (1888-1913), riportata nelle *conclusioni* del libretto "S. Ottone Frangipane protettore di Ariano di Puglia", pubblicato nel 1892, «destinato ad accrescere e perfezionare quella divozione che per S. Ottone da sette secoli nutrono in cuore gli Arianesi»:

> «Non a pascere una vana curiosità, o a dare uno sterile piacere son destinate le vite dei Santi; ma per edificare le anime cristiane, eccitando in loro vera divozione; la quale principalmente consta di fiducia nella protezione dei Santi amici di Dio, d'imitazione delle loro splendide virtù, di onoranza ch'essi meritano e che i fedeli loro debbono».

BIBLIOGRAFIA e SITOGRAFIA

- F. Barberio, *Catalogus episcoporum Ariani*, a cura di S. Scapati, Ass.ne P. Ciccone, Ariano, 2006

- Roselyne de Villeneuve-Bargemon, marchese de Forbin d'Oppède, *La Bienheureuse Delphine de Sabran et les saints de Provence au XIV siècle*, Paris, Plon, 1883

- M. l'Abbé Boze, *Histoire de saint Elzéar et de sainte Delphine*, Avignon, S. Ainé, 1821

- J. Cambell, *Storia d'amore e di vita, Vite occitane di S. Elzeario e della B. Delfina*, testo francese di Jaques Cambell, versione italiana a cura di d. D. Minelli, Ariano, Lucarelli, 2002

- G. Coppola, *Il Castello medievale di Ariano Irpino*, in *Il Castello di Ariano* a cura di F. Zecchino, Ariano Irpino, CESN 2012

- Padre G. Croiset, *Vite de' Santi" per tutti i giorni dell'anno*, Venezia, Baglioni, 1728

- E. Cuozzo, *Alle origini del castello, della città e della contea di Ariano*, in *Il Castello di Ariano* a cura di F. Zecchino, Ariano, CESN, 2012

- A. D'Agostino, *S. Ottone Frangipane protettore di Ariano di Puglia*, Ariano, Appulo-Irpino, 1892

- P. Eberard, *Beata Delfina di Puimichel, contessa di Ariano, sposa di Elzeario*, Parigi, Trepperel, 1507

- L. Esposito, *Ariano Sacra nei suoi antichi documenti*, in *Quei maledetti Normanni, studi offerti a Errico Cuozzo*, Napoli, CESN, 2016

- B. Figliuolo, *Morfologia dell'insediamento nell'Italia meridionale in età normanna*, in «Studi Storici», Roma, F.I. Gramsci, 1991

- N. Flammia, *Storia della Città di Ariano*, Ariano, Marino, 1893

- N. Flammia, *Panegirico storico di S. Liberatore Vescovo e Martire*, stab. Appulo-Irpino, Ariano, 1895

- C.D. Fonseca, *Le Istituzioni ecclesiastiche e la conquista normanna. Gli episcopati e le cattedrali*, in *I caratteri originari della conquista normanna*, a cura di R. Licinio-R. Vallone, Bari, Dedalo, 2004

- C.D. Fonseca, *La Chiesa* in *I Normanni popolo d'Europa*, a cura di M. D'Onofrio, CESN, Venezia, Marsilio, 1994

- A. Galdi, *Santi, territori, poteri e uomini nella Campania medievale (Secc. XI-XII)*, Serino, Laveglia, 2004.

- E. Gattola, *Historia abbatiae Cassinensis,* apud Sebastianum Coleti, Venezia, 1733

- Suor M. A. Giovino, *La vita religiosa della città e diocesi di Ariano nella prima metà del '700*, Ariano, Lucarelli, 2007
- Jo Godefroid, *Histoire de Delphine de Puimichel et d'Elzéar de Sabran*, 2012
- G. Grasso, *Ariano dalle origini alla fine del 700, rielaborazione in linguaggio moderno dell'opera di Tommaso Vitale*, Ariano, Lucarelli, 2007
- N. Kamp, *Vescovi e diocesi nell'Italia meridionale nel passaggio dalla dominazione bizantina allo Stato normanno*, Atti del II convegno internazionale di studio (Taranto-Mottola, 31 ottobre-4 novembre 1973), a cura di C. D. Fonseca, Taranto, Mario Congedo Editore, 1977
- E. Kurzel, *Vescovi e diocesi in Italia nell'Alto Medioevo*, Milano, Centro Ambrosiano, 2016
- N. Lelii, *Vita del Santo Conte Elzeario, che visse in perpetua verginità con Delfina sua sposa*, Roma, Cavalli, 1627
- Fr. Benedetto Mazzara, *Leggendario Francescano ovvero Istorie di Santi, Beati, Venerabili ed altri uominii illustri che fioriscono delli tre Ordini istituiti dal serafico Padre San Francesco*, Venezia, Lovisa, T. IX, 1722
- F. Mazel, *Affaire de foi et affaire de famille en Haute Provence au XIV siècle*, Coulet, 1999
- D. Minelli, *La basilica cattedrale di Ariano Irpino*, LER, Ariano, 1992
- D. Minelli, *Memorie di S. Ottone*, a cura di D. Donato Minelli, Ariano, Lucarelli, 2007
- G. Picasso, *Roberto il Guiscardo "Fidelis" della chiesa romana e di Gregorio VII*, in *Roberto il Guiscardo tra Europa, Oriente e Mezzogiorno*. Atti del convegno internazionale di studio (Potenza-Melfi-Venosa, 19-23 ottobre 1985), a cura di C. D. Fonseca, Galatina, Mario Congedo Editore, 1990
- I. Potenza, *Memorie di S. Ottone eremita Protettore principale della città e diocesi di Ariano*, Roma, Salomoni, 1780
- J. Raphael, *Sant'Elzeario de Sabran, conte di Ariano, confessore e vergine*, Parigi, Trepperel, 1507
- G. Speranza, trascrizione fedele de, *Cronica della Città d'Ariano 1596 Capozio Cassinese in Cava*, in *Æquum Tuticum*, anno VII, n. 1/2009, organo dell'Associazione Amici del Museo, Ariano Irpino, Impara, 2009.
- P. A. Sigal, *Provence historique*, 1999
- G. Stanco, *L'Amor infinito ch'alla Patria si deve - La Descrittione di Ariano di un notaio del XVI secolo*, Avellino, Sellino, 2008
- F. Ughelli, *Italia Sacra sive de Episcopis Italiae*, Venezia, Sebastianum Coleti, 1721
- A. Vauchez, *Dizionario biografico* in Treccani

- A. Vauchez, «*Elzéar et Delphine ou le mariage virginal*», dans *Les Laïcs au Moyen Âge. Pratiques et expériences religieuses,* Paris, 1987
- A. Vauchez, *Esperienze religiose nel Medioevo*, Roma, Viella, 2003
- M. Vipera, *Chronologia episcoporum, et archiepiscoporum metropolitanae ecclesiae Beneventanae quorum extat memoria*, Roma, 1764, Palladis, Roma, 1764
- T. Vitale, *Storia della Regia città di Ariano e della sua diocesi*, Roma, Salomoni, 1794
- G. Vitolo, *La conquista normanna nel contesto economico del Mezzogiorno*, Atti del convegno internazionale di studio (Potenza-Melfi-Venosa, 19-23 ottobre 1985), a cura di C. D. Fonseca, Galatina, Mario Congedo, 1990
- F. Zecchino, *Il Castello di Ariano*, a cura di F. Zecchino, Ariano Irpino, CESN, 2012
- O. Zecchino, *Le Assise di Ariano*, Cava dei Tirreni, Di Mauro, 1984
- Bartolomeo Sorge, *Vita della Chiesa* in *La Civiltà cattolica*, quaderno 3211,Roma, USPI, 1984, Vol. II, quaderno 3211

www.fondazioneterradotranto.it
www.diocesidiariano.it
www.amicidelmuseo.it

© Norma Schiavo - marzo 2018
© Mnamon - marzo 2018
ISBN 9788869492556

www.ingramcontent.com/pod-product-compliance
Lightning Source LLC
Chambersburg PA
CBHW042308230426
43662CB00033B/54